Gabi Hesel

# Guntersdorfer Geschichten

Gabi Hesel

# Guntersdorfer Geschichten

### Das Hundeasyl der „Tierfreunde Niederbayern"

Herausgegeben von Colin Goldner

BoD
Norderstedt

2012

Das Cover zeigt die aus einem Tierheim in Südfrankreich kommende Doggendame „Rubis", die sich den Titel „Guntersdorfer OP-Queen" erwarb: sie musste in vier Wochen viermal operiert werden. (Photo: C.Goldner)

Herstellung und Verlag: Books on Demand GmbH, Norderstedt

2010 (1.Aufl.) • 2010 (2.erw.Auflage) • 2012 (3.erw. Auflage)

**ISBN 9783839138410**

# Inhaltsverzeichnis

Woran sollte man sich von der endlosen Verstellung, Falschheit und Heimtücke der Menschen erholen, wenn die Hunde nicht wären, in deren ehrliches Gesicht man ohne Misstrauen schauen kann?

Arthur Schopenhauer

# Vorwort

Das seit 1998 bestehende Hundeasyl der „Tierfreunde Niederbayern", getragen und finanziert von einem gemeinnützigen Verein mit etwa 150 Mitgliedern, betreut durchschnittlich 20 bis 25 Hunde, die ausgesetzt, weggegeben oder von Behörden aus schlechter Haltung beschlagnahmt, ihren Weg nach Guntersdorf, nahe Vilsbiburg, gefunden haben. Es handelt sich überwiegend um ältere bis alte Tiere, die sich in der Regel in sehr schlechtem körperlichen Zustand befinden, wenn sie auf den Hof kommen; vielfach sind sie schwer traumatisiert und entsprechend verängstigt.

Auf dem Hof, einem früheren Bauernanwesen, erfahren sie nicht nur die notwendige veterinärmedizinische Versorgung, sondern vor allem individuelle und liebevolle Betreuung durch die beiden Begründerinnen der „Tierfreunde Niederbayern e.V.": das Schwesternpaar Gabi und Lynn Hesel, das den Hof in nimmermüdem Engagement und mit der Hilfe eines kleinen Kreises an Helferinnen und Helfern als letzte Zufluchtsstätte für „ausrangierte" Hunde unterhält. Wenngleich Hunde aller Rassen auf dem Hof aufgenommen werden, liegt das Schwergewicht bei den „Riesenrassen", Deutschen Doggen in erster Linie, die allein ihrer Größe wegen anderweitig nur schwer untergebracht werden können.

Die Hesel-Schwestern, beide langjährig erfahren im Umgang auch mit problematischen Hunden - Lynn Hesel betreibt zur Mitfinanzierung des Hundeasyls eine eigene Hundeschule -, bringen das Kunststück zuwege, jeden neuankommenden Hund in kürzester Zeit in das bestehende Rudel zu integrieren, so dass die Hunde nicht in Zwingern oder Käfigen gehalten werden, sondern sich auf dem Hof und in dem dazugehörigen weitläufigen Garten völlig frei bewegen können. In der ehemaligen Wohnstube des Bauernhauses finden sich zahlreiche Couches, Diwans und Matratzen, auf denen sich die Hunde frei ihre Ruhe- und Schlafplätze aussuchen. Streit gibt es selten, und wenn, wird das innerhalb des Rudels geregelt.

Auch wenn es sich vorwiegend um alte und oftmals nicht oder nicht mehr dem „Rassestandard" entsprechende Hunde handelt, die sich im Hundeasyl der „Tierfreunde Niederbayern" einfinden, hat der Hof eine überraschend hohe Quote an Vermittlungen. Nachdem die Hunde „aufgepäppelt" wurden und über das Rudelleben und den engen Kontakt zu den Bezugspersonen ihre Selbstsicherheit zurückgewonnen haben, werden sie von Gabi Hesel via Internet (www.tierfreunde-niederbayern.de) und über ein dichtgeknüpftes Unterstützernetzwerk an neue Halter vermittelt; selbstverständlich nur an überprüfte und kontrollierte Interessenten und nur, wenn das neue Lebensumfeld dem Wohlergehen des Hundes zugute kommt. Gabi Hesel kann durch das freie Zusammenleben mit den Hunden deren Wesen und Charakter ausgezeichnet einschätzen und insofern die optimalen neuen Halter für diese finden. So konnte sie in den zurückliegenden Jahren zahlreiche neue Halter selbst für solche Hunde ausfindig machen, die, von außen besehen, als absolut unvermittelbar gelten mussten. Nicht umsonst ist sie als „Doggenmama von Niederbayern" bekannt.

Hunde, die aufgrund einer nicht behebbaren Krankheit oder fortgeschrittenen Alters wegen unter keinen Umständen mehr vermittelt werden können, bleiben bis zu ihrem letzten Atemzug auf dem Hof, geliebt und umsorgt von Menschen, deren Herz ganz den Vierbeinern - und manchmal auch Dreibeinern - gehört, die sie in ihre Obhut genommen haben.

Finanziert wird der Hof über die Beiträge der Vereinsmitglieder sowie über Sach- und Geldspenden. Darüberhinaus tragen die Hesel-Schwestern mit ihrem persönlichen Einkommen - Lynn Hesel arbeitet, wie erwähnt, drei Wochentage als professionelle Hundetrainerin und Gabi Hesel ist drei Wochentage in einer Anwaltskanzlei tätig - ganz wesentlich zum Unterhalt des Hofes bei; öffentliche Unterstützung gibt es trotz amtstierärztlicher Anerkennung als Hundeasyl nicht.

Wann immer ihre Zeit es erlaubte, hat Gabi Hesel die kleineren und größeren Ereignisse des Guntersdorfer Alltags aufgeschrieben. Aus ihren über die Jahre gesammelten Notizen, verteilt auf zahllose Zettel, entstanden letztlich kleine Geschichten, die von verschiedener Warte her Einblick geben in das turbulente Leben eines Hundeasyls. In der einfühlsamen Sprache der „Doggenmama" erzählt sie vom Schicksal und Lebensweg der Hunde, die über die Jahre nach Gunterdorf kamen. Mehr als 800 waren es - alte, kranke, misshandelte, abgeschobene -, die in den zurückliegenden zwölf Jahren hier Station machten; oder auch blieben bis zum Ende ihrer Tage.

Auf vielfachen Wunsch der zahlreichen Freunde des Guntersdorfer Hundeasyls wurden die Geschichten zu vorliegendem Leseband zusammengefasst; sie können, in sich jeweils abgeschlossen, in beliebiger Reihenfolge gelesen werden.

Da ich, zusammen mit meiner Ehefrau Claudia, bereits zwei Doggen vermittelt über Guntersdorf bekam, fühle ich mich den „Tierfreunden Niederbayern" besonders verbunden. Es war mir insofern eine Freude, die Herausgabe der „Guntersdorfer Geschichten" zu übernehmen.

Frühjahr 2010
Colin Goldner

Claudia Goldner

# Weil es egal ist...

Ich gebe es zu: ich mag Hunde. Doggen aber liebe ich, beim Anblick eines dieser sanftmütigen Riesen schmelze ich dahin. Selbstverständlich leben in meinem Haushalt Hunde, und selbstredend sind es Doggen: ein schwarzes Mädchen namens Kira, knapp 70 Kilo schwer und ein mausgrauer 82 Kilo-Bub mit Namen Butch.

Nun gibt es auch Menschen, die, mir völlig unverständlich, Doggen als Kettenhunde halten, in Zwingern auf nacktem Betonboden. Die sie vernachlässigen, misshandeln, schlagen - oftmals gerade, weil sie sich nicht „scharf" machen lassen. Doggen, richtig gehalten, gehören zu den liebenswürdigsten, menschen- und kinderfreundlichsten Wesen überhaupt, sie eignen sich für nichts weniger als für Sport, Jagd, Unterwerfungsdressur oder irgendwelches Machogeprotze. Doggen als Polizei- oder Schutzhunde gibt es bezeichnenderweise nicht. Doggen gehören auch nicht auf Hunde- und Zuchtshows, wo sie nach idiotischen Kriterien der „Rassereinheit" bewertet werden. Glücklicherweise dürfen ihnen heute die Ohren nicht mehr abgeschnitten werden, was jahrzehntelang als unverzichtbares Rassekriterium gegolten hatte.

Doggen, wie andere Haustiere auch, geraten nicht selten in Not. Entweder weil sie die von ihnen geforderte Leistung nicht oder nicht mehr erbringen, weil sie alt werden oder krank, oder einfach, weil man ihrer überdrüssig geworden ist. Sie werden ausgesetzt oder ins nächste Tierheim abgeschoben; wenn nicht gar eingeschläfert.

Zwei Frauen aus Niederbayern haben ein Asyl für „Doggen in Not" geschaffen: auf einem alten Bauernhof bei Vilsbiburg findet jede Dogge - natürlich jeder andere Hund auch - Aufnahme, die keiner mehr mag. Auch Doggen, die aus schlechter Haltung befreit, beschlagnahmt oder „herausgekauft" werden, kommen hierher. Erstaunlich viele können an andere Plätze vermittelt werden - so fand auch Butchi vermittelt über Guntersdorf seinen Weg zu uns, ebenso wie sein Vorgänger Minki, ein gefleckter Doggenrüde von stattlichen 80 Kilogramm -, nicht wenige aber verbringen die restliche Zeit ihres Lebens im Rudel auf dem Hundehof.

Geld läßt sich damit nicht verdienen, ganz im Gegenteil. Der Doggenhof der „Tierfreunde Niederbayern" ist eine Zufluchtsstätte für bedürftige Hunde, die nicht nur Rund-um-die-Uhr-Einsatz der beiden Frauen und ihrer Helferinnen und Helfer erfordert, sondern wesentlich aus deren eigenem

Sparstrumpf finanziert wird. Unterstützung aus öffentlichen Mitteln gibt es keine.

Vielleicht gäbe es wichtigere Felder tierschützerischen Engagements: die Vernichtung des Lebensraumes von Pandas und Orang-Utans zum Beispiel, die Ausrottung des Sibirischen Tigers, das Totschlagen von Robbenwelpen; die Massentierhaltung samt Tiertransporten und Schlachthäusern, Zoos und Zirkusse, Dressurreiten, Stierkämpfe, Fuchsjagden, Hunderennen. Vielleicht wäre es überhaupt viel wichtiger, sich um notleidende Menschen zu kümmern, um Kriegsflüchtlinge, Minenopfer, um Opfer von Erdbeben, Überschwemmungen, Epidemien, um Menschen in den Slums und Dreckslöchern dieser Welt, die keine anständige Ernährung haben, kein sauberes Wasser, keine medizinische Versorgung. Vielleicht müsste man sich um das Millionenheer an Kindern kümmern, die als Arbeits- und Sexsklaven ausgebeutet und um ihr bisschen Leben betrogen werden, vielleicht um die Alten und Verwirrten, die in den Pflegeheimen dahinvegetieren. Vielleicht...

Warum ausgerechnet ausrangierte Doggen?

Weil es egal ist, worum und um wen man sich kümmert, solange man sich überhaupt um etwas und um jemanden kümmert, solange es einem nicht gleichgültig geworden ist, dass es anderen schlechter geht als einem selbst, dass andere sich nicht wehren können, dass andere leiden.

Es ist tatsächlich egal, von welcher Seite aus und für wen man sich einsetzt, Hauptsache: man tut es. Wie Albert Schweitzer sagt: „Keiner von uns darf ein Weh geschehen lassen, soweit er es nur hindern kann." Das kleine Tierheim in Niederbayern und all seine Bewohner haben meine tiefste Zuneigung, die beiden Frauen und all die rührigen Helfer, die sich so selbstlos dafür einsetzen, meinen tiefsten Respekt. □

Lynn Hesel

# Wie die Doggenmama von Niederbayern zu den Doggen kam

Ich bin nur die Doggentante, also die Schwester der Doggenmama Gabi, aber ich war bei jedem Schritt, der aus einer Hundefreundin eine Doggenmama machte, zugegen. Und ich möchte darüber erzählen.

Begonnen hat alles Mitte der 1970er Jahre, Doggenmama und Doggentante durchlebten gerade ihre „Sturm-und-Drang-Zeit". Wir weilten gerade wieder einmal in Südfrankreich zwecks Sommer, Sonne, Strand und wussten nicht, dass dieser Urlaub unser Leben dereinst so entscheidend verändern sollte. Es begab sich nämlich, dass Gabi, als sie sich einem der gigantisch großen Supermärkte in Südfrankreich näherte, um einzukaufen, sich plötzlich einem Wesen gegenüber sah, das in ihren Augen schöner und beeindruckender nicht sein konnte: ein stattlicher schwarzer Doggenrüde wartete vor dem Supermarkt auf die Rückkehr seines „Anhangs".

Nun kann sich der Leser sicherlich in ihre Lage versetzen: zwar war die Versuchung, dieses schöne Tier zu berühren, groß - doch ebenso groß war... na ja, soll man es Respekt nennen, oder Vernunft? Jedenfalls kam es nicht zu einer „näheren Bekanntschaft" die Sache blieb rein „platonisch". Und gerade als Gabi sich entschloß, an ihm vorbeizugehen, kam seine Besitzerin aus dem Geschäft, und aus dem gelassenen, souveränen Hund wurde ein alberner Flegel: schwanzpeitschend und Luftsprünge vollführend drehte er sich um seine eigene Achse und war vor Freude wie von Sinnen. Wer Doggen kennt, weiß wovon ich rede. Ein Stachel bohrte sich in Gabis Herz, hätte sie ihn doch so gerne kennengelernt. Sie sprach nicht mehr darüber, die Sache schien vergessen.

Im nächsten Jahr setzte das Schicksal dann aber noch eins drauf, nur um ganz sicher zu gehen, dass Gabi sich aus dieser Sache nicht herauswinden konnte: wieder weilten wir in Frankreich, diesmal aber in Paris. Auf unseren täglichen Streifzügen über den Montmartre kamen wir an einem kleinen Tabakgeschäft vorbei, dessen Mitinhaber ein – nun raten Sie mal - ja, Doggenrüde war. Diesmal war er nicht weniger groß und schön. Er lag in der Sonne vor dem Geschäft und musterte aufmerksam jeden Passanten und begleitete ihn bei Bedarf auch bis ins Geschäft. Ich denke, wenn er noch leben würde, könnte er sich an Gabi erinnern, denn er muß gespürt haben, wie es sie innerlich fast zerrissen hat, dieselbe grausame Situation nochmals durchleben zu müssen. Wieder stand sie mit einem verträumten

Blick vor diesem schönen Hund, den, ich muß es zugeben, eine Aura umgab, die zu sagen schien: *You can look, but you better not touch.* Und wieder blieb es beim „rein Platonischen", der Stachel aber saß jetzt noch tiefer.

Fast zehn Jahre später trug es sich dann zu, dass sich Gabi in einem Tierheim befand und dort in einem der Zwinger, in einer Ecke kauernd, ein Exemplar dieser von ihr inzwischen heißgeliebten Rasse entdeckte, und es brach ihr fast das Herz. Sie hielt, ob ihrer eigenen Erfahrung, diese Hunde für unbezwingbar und musste nun mitansehen, wie aus dieser Dogge ein Häufchen Elend geworden war. Dieser Hund ging ihr nicht mehr aus dem Sinn und besagter Stachel begann Gabi zu quälen. Doch einen Hund bei sich aufzunehmen, dazu - so dachte sie - war ihr Drang nach Unabhängigkeit zu groß. Zwei Monate hat es gedauert um festzustellen, dass die ganze Unabhängigkeit sinnlos ist, wenn man dabei unglücklich ist. Denn das Glück dieser Erde, das hatten wir damals erkannt, liegt für uns nicht auf dem Rücken eines Pferdes, sondern im Blick eines Hundes. Also machte Gabi sich noch einmal auf den Weg in dieses besagte Tierheim. Die Dogge, die sie bei ihrem ersten Besuch gesehen hatte, ein Mädchen diesmal, sie hieß „Lady", wollte die Tierheimleiterin nicht mehr abgeben, sie war schwer krebskrank und mittlerweile ins Hausrudel aufgenommen worden, wo sie ihre letzten Tage verbringen durfte. Aber, und darauf hatte das Schicksal es ja die ganze Zeit über abgesehen, ein anderes Doggenmädchen wartete dringend auf ein neues Zuhause. Eine ausrangierte Zuchthündin, etwa sieben Jahre alt und ziemlich heruntergekommen, körperlich, wie auch psychisch. Nach einer Woche des Grübelns und Überlegens waren die Würfel gefallen und die Doggen-Mama schloß ihre erste Dogge in die Arme - und damit konnte eine jahrelang unerledigte Handlung endlich erledigt werden. Aufgrund ihres schwarzen Fells und des weißen Flecks auf der Brust sollte sie „Orca" heißen.

Orca war sanft wie ein Reh, anfangs auch genau so scheu, und so anhänglich, dass ich mir ernsthaft überlegte, ob ein Baby-Tragetuch für die frisch gebackene Mama nicht doch das Richtige wäre. Sie lasen sich gegenseitig die Wünsche von den Augen ab, und ihre gesamte Umwelt war, ich muß es zugeben, ein bisschen eifersüchtig. Es bahnte sich eine Beziehung an, die diesen Ausdruck mit Fug und Recht verdiente. Ja mehr noch, wer schon einmal *diesem einen richtigen Hund* in seinem Leben begegnet ist, weiß, wovon ich rede: ohne zu urteilen, ohne den anderen verändern zu wollen und ihn mit all seinen Fehlern so zu nehmen, wie er nun mal ist, einfach nur die Gegenwart des anderen zu schätzen, in schweren Zeiten füreinander da zu sein oder gemeinsam das Leben zu genießen - wie oft gibt es Beziehungen zwischen Menschen, die da mithalten können?

Acht Jahre dauerte dieses große Glück. Eine lange Zeit, wenn man bedenkt, dass Orca eigentlich schon alt war, als sie zu uns kam. Aber das Schicksal hat Orca, wie vielen Tierheimhunden, mit der berühmten zweiten Chance ein zweites Leben geschenkt. Nach kurzer Zeit hatte sie sich gesundheitlich und psychisch erholt und genoß das Leben in vollen Zügen: allabendliche Kuschelrunden in Gabis Bett, Almhüttenurlaube, Ausflüge in den Bayerischen Wald und - der Täter kehrt an den Tatort zurück - einige Camping-Urlaube in Südfrankreich.

Über die schmerzvolle Zeit, in der Orca dann aufgrund ihres hohen Alters, sie wurde immerhin 15 (!) Jahre alt, krank wurde und starb, möchte ich dem Leser nichts erzählen. Zum einen gibt es dafür keine Worte, zum anderen bleiben auf Dauer, und auch das weiß jeder, der schon einmal das Glück hatte, so etwas zu erleben, die schönen Erinnerungen an die gemeinsame Zeit.

Orca starb im Juli 1996. Ende Dezember 1996 erfuhr Gabi - wer glaubt noch an einen Zufall? - von einem alten Doggenmädchen, das in einem Tierheim bei Warschau, ja, das in Polen, dem Erfrierungstod preisgegeben, auf sein Ende wartete. Was soll ich noch sagen - der Rest ist Vereinsgeschichte. □

Die Doggenmama von Niederbayern

So, und hier beginnen die Guntersdorfer Geschichten…

# Kali

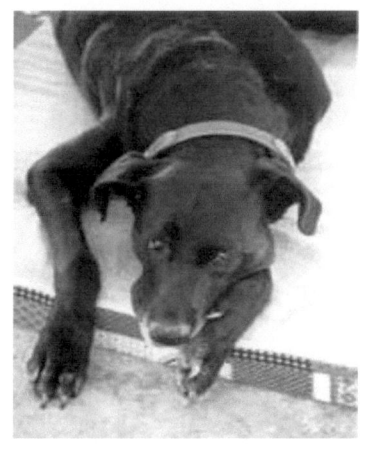

*Die Götter eilten zu ihr, verneigten sich
und beschenkten sie.
Vom Todesgott erhielt sie ein Seil,
von Vayu, dem Windgott,
Pfeil und Bogen,
Pinakadhrik gab ihr einen Dreizack,
Krishna gab ihr den Diskus,
Indra den Donnerkeil
und seinen weißen Elefanten,
Varuna, der Meeresgott, gab ihr ein
Muschelhorn,
der Herr der Wasser gab ihr eine Schlinge.
Versehen mit diesen Waffen
schlug sie die Dämonenheere in die Flucht.*

„Mann oh Mann, was hab ich denn jetzt wieder angestellt!" Betreten rief
ich bei meiner Schwester zu Hause an: „Hallo Lynn... ich bin grad von
Nürnberg weggefahren... ja, ich hab sie dabei... ich glaub, wir kriegen
Ärger, aber richtigen, diesmal... es tut mir leid... nein, für eine Dogge ist
der Kopf ein bisschen zu breit... in zwei Stunden bin ich daheim, dann wirst
du's ja selber sehen..."

Das, was mir als „ältere schwarze Dogge, weiblich" angekündigt
worden war, saß nun auf der Rückbank meines Autos, abwartend ans
Fenster gelehnt; ich spürte ihre Blicke im Nacken, versuchte ruckartige,
weil vielleicht missverständliche Bewegungen zu vermeiden. Obwohl ich
durch eine laue Augustnacht fuhr, fröstelte ich ein bisschen.

Zu Hause angekommen, ging's auch gleich zur Sache. Die Hündin auf
der Rückbank erklärte mir mit einem einzigen Blick aus tiefschwarzen
Augen: „Mag sein, dass du Wurm hier zu Hause bist, ich bin es jedenfalls
nicht, und ich werde aus diesem Auto auch nicht aussteigen. Punkt." Ein
nachgeschobenes tiefes Grollen ließ mich die nach ihrem Halsband ausge-
streckte Hand denn auch umgehend zurückziehen. Ich konterte: „Nein!
Aus!!", wobei meine Stimme allerdings viel zu dünn und der Situation in
keiner Weise angemessen klang.

Die Hündin konnte gleich nochmal ordentlich punkten, als ich den
nächsten Versuch startete mit einer Wiener Wurst, die ich wie ein weißes
Fähnchen hochhielt und mit der ich - alle hundepsychologischen Grund-
sätze missachtend - ihr vorheriges Knurren auch noch lecker belohnte. Die

Wurst wurde also hoheitsvoll angenommen. Ich holte tief Luft und zog ihr - sehr langsam und sehr vorsichtig - eine Leine als Schlaufe über den Kopf. Lynn: „Das tät ich nicht...", stand hinter mir, bereit mir zu Hilfe zu eilen, falls ich welche bräuchte. Was im übrigen wenig genutzt hätte: Diese Hündin hätte es locker mit fünfen von unserer Sorte aufgenommen.

Sie stieg schließlich aus dem Auto und ließ sich auf den Hof führen. Ohne weiter Zeit zu verlieren, begann ich mit vertrauensbildenden Maßnahmen: Strich ihr über Kopf und Nacken, sprach mit freundlicher Stimme: „Alles o.k., Mädel, siehst du, ist gar nicht so schlimm. Ich tu dir doch nix." Was aber eigentlich gar nicht das Thema war.

Am nächsten Morgen schickten wir uns an, das Sozialverhalten dieser doggengroßen Hündin zu testen. Normalerweise lassen wir in strategisch wohlüberlegter Reihenfolge - die diplomatischen zuerst - unsere Hunde einzeln auf Neuankömmlinge los, diese müssen eine gründliche Examinierung durchstehen, werden neugierig umringt, beschnuppert, mit einem angedeuteten Schwanzwackeln auf Kommunikationsfähigkeit getestet.

Nicht so an diesem Tag. Die Neue stand mitten auf dem Innenhof, breitbeinig abwartend, ein schwarzglänzender Monolith. Die Hunde stürmten einzeln raus und auf sie zu - drehten aber auf halbem Weg ab. Der eine schaute dann ganz angestrengt zum nächsten Baumwipfel hoch, der nächste tat, als hätte er die Rosenstöcke vorm Haus noch nie zuvor gesehen, wieder ein anderer untersuchte gründlich ein gänzlich unbeteiligtes Grasbüschel, und zwar jeden Halm einzeln. Sie alle taten, als würden sie die Neue schon längst kennen, überflüssig also, sie mit Schnuppern oder sonstwie zu belästigen.

Ohne viel Aufhebens gingen wir dann alle zusammen ins Wohnzimmer, wo die Neue unverzüglich ihre Hausordnung verkündete. „§ 1: Ich bin die Rudelchefin. § 2: Um die Küche zu betreten, brauchen Hunde meine persönliche Erlaubnis. § 3: Zuwiderhandlungen werden geahndet. Inkrafttreten sofort."

Rasch fanden wir für die Hündin den passenden Namen: Kali. Nach der gefürchteten indischen Göttin, die ihren Liebhabern die Eingeweide herausreißt und am Gürtel deren abgeschlagene Köpfe baumeln hat.

Das alles mag jetzt recht locker und witzig anmuten; damals allerdings war uns alles andere als zum Lachen. Wir waren ratlos und wussten nicht, was aus uns, unseren Hunden und vor allem aus dieser Kali werden sollte. Aber klein beigeben, ist auch nicht so unser Ding.

Aus Angst um die Hunde, vor allem die Mädels, die ja vielleicht doch mal Widerworte geben würden, verpassten wir Kali einen Maulkorb, den sie tragen sollte, bis wir eine bessere Lösung gefunden hätten. Spannend war die erste Anprobe: Würde sie sich dieses geflochtene Lederding auf die Nase setzen lassen? Schließlich hätten wir nicht den Hauch einer Chance, solches gegen ihren Willen zu tun. Ich holte also wiederum tief Luft... Kein Problem indes, großzügig ließ sie mich gewähren.

Überhaupt kam Kali besser mit uns zurecht, als wir mit ihr. Schnell hatte sie gemerkt, dass es nicht das schlechteste Los war, Hund in Guntersdorf zu sein, obgleich sie diverse Sicherheitsvorkehrungen über sich ergehen lassen musste: sie durfte nur mit Maulkorb ins Rudel, wurde grundsätzlich alleine und hinter verschlossenen Türen gefüttert, und wenn wir nicht zu Hause waren, wurde sie weggesperrt. Wir brauchten Wochen, bis wir diese Hündin einschätzen lernten, bis wir merkten, dass sie weder aggressiv, noch ein blutrünstiges Monster war, sondern nur ein Hund, wenn auch ein ganz außergewöhnlicher.

Aber irgendwann hatten wir es kapiert, und es kam der Tag, als wir den zerschlissenen Maulkorb entsorgten - Kali würde ihn nicht mehr brauchen - und die zwei jungen Frauen in Berlin anriefen, um ihnen für diesen Hund zu danken. Auf unsere Zusage hin, die „ältere schwarze Dogge" aufzunehmen, hatten die beiden sie damals aus dem Tierheim in Brandenburg freigekauft und ihr damit das Leben gerettet, weil bereits zwei Wochen abgelaufen waren von der Vier-Wochen-Galgenfrist, die der Tierheimleiter dort ihr eingeräumt hatte: schließlich war sie - bei ihrem Alter, ihrer Größe und überhaupt - wohl zu Recht als unvermittelbar eingestuft worden.

Als Handicap für eine Adoption hatte diese Hündin außer politisch nicht ganz korrekten Wangenknochen auch noch kaputte Beine. Vielleicht durch eine Wachstumsstörung oder Überbeanspruchung in jungen Jahren waren die Vorderbeine verkrüppelt, die Ellbogen nach außen und damit die gesamte Statik verdreht, so schlimm, dass auch Rücken und Hüften, kurz der gesamte Bewegungsapparat arg angeschlagen waren.

Das gesamte Ärzteteam einer renommierten Tierklinik versammelte sich in dem dunklen Kämmerchen vor der hell erleuchteten Glasscheibe und bestaunte Kalis Röntgenaufnahmen, die Medizinerstirnen in Falten gelegt: Sie hatten diese diversen Gelenkschäden zwar schon mal gesehen, aber niemals alle zusammen bei einem einzigen Hund. Sie nahmen daraufhin eine Goldakupunktur vor, machten mir aber wenig Hoffnung, Kalis Lebenserwartung betreffend; wir sollten doch beizeiten anfangen, über Euthanasie nachzudenken. Kali allerdings war davon wenig beeindruckt. Versehen mit nagelneuen Golddrähtchen verließ sie mit mir die Klinik, humpelnd zwar, aber entschlossen, unbeirrt weiter ihrer Wege zu gehen.

Und Lynn, Lisa, unsere Mitkämpferin seit alten Tagen, und ich, wir dankten den Göttern, dass dieser Weg auch der unsere war, wenigstens für eine Weile.

Dass wir niemanden finden könnten, diese Hündin zu übernehmen, war uns von Anfang an klar, und das war gut so. Auch Kali hat niemals versucht, mit Besuchern anzubandeln, sie war nicht der Typ Hund, der um Aufmerksamkeit oder gar Liebe bettelt. Wenn Fremde kamen, lag sie souverän auf dem Sofa und beobachtete; sie tat keinem was, ließ die Leute aber auch keinen Moment aus den Augen. Klar, dass Kali sich in Guntersdorf wohl fühlte, hatte sie doch hier einen ihr angemessenen Wirkungskreis gefunden. Sie stand einem Hunderudel vor, das immer so zwischen 10 und 16 Köpfe zählte. Keiner von denen hinterfragte jemals ihre Machtposition - nun, das stimmt nicht ganz, eine einzige Ausnahme gab es: Eine selbstbewusste Junghündin, die wohl der Teufel geritten hat, gab Widerworte. Wir mussten uns höllisch beeilen, dazwischen zu gehen.

Kali war rund um die Uhr im Dienst, sie sah und hörte alles, ging jedem Hinweis nach, wenn es Anzeichen für Unbotmäßigkeiten im Rudel gab; und ihr Auftauchen - humpelnd und mit strengem Blick sah sie dabei aus wie Hexe und Inquisitor in einer Person - genügte, um die Ordnung sofort wieder herzustellen. Als es einmal nicht so war, demonstrierte sie klar und deutlich, was sie konkret mit „Zuwiderhandlungen werden geahndet" gemeint hatte: Zwei Rüden, Milo und Rudi, denen eine kleine pubertierende Junghündin den Kopf verdreht hatte, waren sich draußen im Garten in die Haare geraten, keiner wollte nachgeben. Ich - am Telefon - bekam es nicht schnell genug mit; als ich dann rausrannte, hatte Kali bereits eingegriffen, der Streit war beigelegt. Erst als sich das Tohuwabohu gelegt hatte, entdeckten wir in Milos Hinterbein ein Loch von der Größe einer Männerfaust. Etwaige Zweifel, ob es wirklich Kali war, die ihm diese Verletzung zugefügt hatte, waren schnell ausgeräumt: unsere „forensische Untersuchung" des Zahnabdrucks in Milos Kittel ergab eindeutig, dass es nur Kalis Gebiß gewesen sein konnte - welches von Rudis zartem Windhundschnäuzchen klar zu unterscheiden war. Sie hat den Milo wohl einfach an einem Bein rückwärts aus dem Kampfgetümmel gezogen. Als Chefin, die für das Wohl und Wehe des Rudels verantwortlich war, hatte sie unumstößliche Prinzipien, die Umgangsformen betreffend; sie konnte vor allem Raufereien nicht angehen lassen, also tat sie, was getan werden musste. Wenn es fortan Meinungsverschiedenheiten gab, beeilten wir uns deshalb, vor ihr zur Stelle zu sein; großzügig ließ sie uns den Vortritt, beobachtete lediglich, ob wir die Situation auch tatsächlich im Griff hatten.

Die hohe Schule des Chef-Seins, Kali zeigte uns, wie's geht: in sich ruhend, selbstsicher, gelassen, im Bewusstsein der eigenen Stärke, konsequent, unbestechlich und furchtlos - das waren Autorität und Dominanz vom Feinsten. Nie zuvor hatten wir ein Wesen von solch unbeugsamer innerer Kraft getroffen.

Kalis Aufgabe war es auch, das Rudel nach außen abzusichern. Trotz ihrer angeschlagenen Beine lief sie bei Spaziergängen stets ganz vorne. Einmal kam ein Hofhund aus dem Nachbardorf des Weges. Ein junger, ungestümer Schäfermix, dem es zu Hause stinklangweilig war, konnte seinen Augen kaum trauen, als er uns und etwa acht oder neun Hunde den Bach entlangtrotten sah. Er stürmte den Hang herunter, hielt inne, traute sich aber nicht, herüberzuspringen, rannte hin und her, hampelte herum und machte den Affen drüben auf der anderen Seite des Grabens. Unser Rudel ereiferte sich, schließlich war das unser Weg und unser Bach und überhaupt.

Bellend und ebenfalls herumhampelnd rieten sie ihm dringend, auf seiner Seite zu bleiben. Damit sich das Ganze nicht unnötig hochschaukelte, gingen wir zügig weiter, er würde dann schon wieder nach Hause gehen. Das wollte er aber nicht - wer geht schon heim, wenn endlich mal was geboten ist. Da wir nicht so recht wussten, wie wir ihn abschütteln sollten, griff Kali ein. Sie ließ uns und das Rudel weiterziehen, blieb am Bach stehen, breitbeinig, den Kopf gesenkt, und fixierte ihn, regungslos. Wir haben ihren Blick nicht gesehen, wohl aber die Reaktion ihres Widersachers. Mit einem erschrockenen Winseln, angelegten Ohren und eingeklemmtem Schwanz drehte er ab, raste wie von Teufeln gehetzt den Hang hoch und verschwand in einer Staubwolke, schnurstracks nach Hause. Kali wandte sich wortlos ab, stapfte auf ihren krummen Beinen hinter dem Rudel her, um sich wieder an dessen Spitze zu setzen. Was für ein Weib! Wen wundert's, dass wir ihr übernatürliche Kräfte zuschrieben und sie schlicht für eine Hexe hielten?

Sie konnte auch Coba niederstarren, unseren Doggenrüden, der sich dann flach vor ihr auf den Boden legte, manchmal dazu auch noch winselte - und dabei war dieser Bursche jung, gesund, kräftig und wog gut und gern zwanzig Kilo mehr als das alte Mädchen. Lynn hat es mal so formuliert: „Kali kann andere mit ihrem Blick verdampfen."

Nie werde ich das Blitzen in ihren schwarzen Augen vergessen, wenn ich mit ihr Faxen machte und sie in spielerischer Abwehr so tat, als wolle sie mich in die Nase beißen - das mächtige Gebiß, das dabei nur Zentimeter vor meinem Gesicht zuklappte, allerdings auch nicht. Ebensowenig vergessen werde ich je, wie dieses ausgebuffte Luder einem beim Spielen und Scherzen manchmal mit der Zunge über die Kehle fuhr, was nichts anderes hieß als: „Schau mal, Mädel, jetzt würdest du aber alt ausseh'n, wenn ich nicht deine gute Freundin wär!" Stimmt - wenn ich nur daran denke, wie mühelos sie Tennisbälle in der Mitte durchbiß oder dass sie getrocknete Schweineohren aß wie andere Hunde Butterbrote.

Aber Kali war auch anders; oft erzählten ihre Augen von der Weisheit einer starken Hündin und den Geheimnissen in den Tiefen ihrer Seele, waren wissend, nachsichtig, warm und freundlich. Sie liebte uns zärtlich und übersah großzügig, dass wir lausige, inkonsequente Rudelchefs abgaben. Manchmal auch fing ich ihren Blick auf, der sagte: „Ich weiß, was ihr für mich getan habt - und ihr werdet es nicht bereuen." Stimmt!

Kalis Geburtstag, also der Jahrestag ihrer Ankunft in Guntersdorf, wurde natürlich groß gefeiert. Als Geschenk bekam sie den größten Knochen - parmageräuchert -, den wir je für einen Hund besorgt hatten.

Im Frühjahr darauf war eine Reise an die Nordsee geplant, und wir freuten uns, weil Kali diesmal dabei sein würde. Wochen vorher schon erzählten wir ihr davon - und beschworen sie durchzuhalten; es war nämlich nicht mehr zu übersehen, dass ihre Kräfte allmählich nachließen. Nun musste sie sich oft damit begnügen, mit strengen Blicken vom Sofa aus zu regieren. Nur mit Mühe hielt sie sich beim Spazierengehen an der Spitze des Rudels - wollte andererseits aber auf keinen Fall zu Hause bleiben, wenn ihre Meute raus auf die Felder zog.

Die Reisevorbereitungen liefen auf Hochtouren, wieder und wieder ermunterten wir sie: „Du musst durchhalten, Kali - oder Kalamata, Kalinka, Kalimera, Kali-Spätzelchen und was wir an Kosenamen sonst noch für sie hatten -, du warst sicher noch nie im Leben in Urlaub, es wird dir bestimmt gefallen!"

Aber es half nicht mehr. Ihre Kräfte waren verbraucht. Plötzlich wurde sie schwer krank, verfiel innerhalb einer halben Woche. Sie starb genau vier Tage vor der Abreise. Wir konnten uns des Gefühls nicht erwehren, dass Kali sich so schnell verabschiedet hatte, weil sie spürte, dass sie diese Reise nicht mehr durchgestanden hätte, es vielleicht uns und den Hunden auch nicht vermasseln wollte.

Aber irgendwie war sie dann doch dabei, fuhr in unseren Herzen mit. Wir haben am Nordseestrand eine Muschelschale gefunden, groß, derb und tiefschwarz. „Die nehmen wir für Kali mit und legen sie ihr auf's Grab!" Ich nahm die Muschel und ging ans Wasser. Just in dem Moment, als ich mich bückte, um sie abzuspülen, kam eine listige Welle daher, ein bisschen höher und kräftiger als die anderen. Und diese Welle klatschte mir an die Beine, das Nordseewasser ergoß sich gurgelnd in meine Gummistiefel. Typisch Kali!

Ich schaute in den weiten Himmel über der Nordsee, ob ich nicht irgendwo da oben auf einer Wolke einen Hund sehe, einen großen, schwarzen, auf krummen Beinen, mit breitem Kopf und blitzenden Augen, wild und unbezähmbar. Eine Hexe in Hundsgestalt - unsere Kali. □

# Cody

Wer Doggen nicht als respekteinflößende Angeberhunde kennt, sondern so, wie sie in der Mehrzahl wirklich sind, nämlich freundliche, anlehnungs- und schutzbedürftige Sensibelchen, der weiß: für Doggen gibt es mehrere Gründe zu zittern: Kälte, Angst, Unsicherheit, Aufregung oder Freude. Cody beispielsweise zitterte, wenn ich ihn in den Arm nahm – vor Glück. Hier ist seine Geschichte:

Zugegeben, als ich das erstemal von ihm hörte, war ich durchaus beunruhigt, hatte doch der bisherige Eigentümer - Besitzer einer Großmetzgerei, nebenberuflich Jäger und Hundezüchter (!) - uns geraten, einen Maulkorb mitzubringen, wenn wir ihn holen wollten. „Er ist nicht ganz ungefährlich, dominant und schwierig mit Fremden", war die Warnung dieses Mannes, der den nun achtjährigen Doggenrüden seit fünf Jahren in einem Zwinger gehalten hatte. Cody hatte diese spartanische Unterkunft mit einem Doggenmädchen geteilt, ihre gemeinsamen Kinder wurden von dem Züchter regelmäßig verscherbelt. Als dem Mann jedoch in den Sinn kam, dass man mit der „Produktion" von Deutschen Schäferhunden vielleicht noch mehr Kohle machen könnte, beschloss er kurzerhand, umzusatteln. Also musste er das Doggenpärchen loswerden, klarer Fall.

Für die überaus sanfte sechsjährige Zuchthündin fand sich rasch eine Abnehmerin, sie wurde von einer Doggenfreundin abgeholt. Allein in seinem trostlosen Zwinger zurückgeblieben, begann der Rüde zu klagen; er weinte und heulte vor allem nachts, was dem Züchter wiederum arg auf die Nerven ging, und er beschloss, den Hund „wegzutun", im Klartext: ihn zu erschießen.

An dieser Stelle wurden wir eingeschaltet, und zwar von jener Frau, die Wochen zuvor die Hündin übernommen hatte. Sie bat um Hilfe für Cody, riet uns aber gleichzeitig dringend, uns bei der Kontaktaufnahme mit dem Züchter als normale „Interessenten" auszugeben, auf keinen Fall als

Tierschützer: „Sonst bekommt ihr den Hund nicht, lieber erschießt er ihn - er hat was gegen Tierschutz." Nun ja, ist ja auch verständlich, aus seiner Sicht jedenfalls. Wir erzählten dem Mann also, was immer er hören wollte und vereinbarten einen kurzfristigen Termin, den Doggenrüden bei ihm abzuholen – damit er nur ja nicht Zeit hätte, es sich nochmals anders zu überlegen.

In der Regel erledige ich solche Aufgaben selber, konnte aber just an diesem Tag nicht weg, weil eine unserer alten Hündinnen schwer krank geworden war und nicht allein bleiben sollte; andererseits wollten wir aus verständlichen Gründen die Abholung von Cody keinesfalls verschieben.

Andrea und Alois, beide mit einschlägiger Großhunderfahrung, sprangen kurzfristig ein und zogen also los, versehen mit einem ausreichend großen Maulkorb und meinen Warnungen, dem Vernehmen nach sei dieser Hund schwierig, sie sollten bloß nichts riskieren.

Zurück brachten sie einen wunderschönen Doggenrüden mit den Insignien der Altersweisheit: Silberfäden im pechschwarzen Fell, ergraute Maske und schlohweiße Augenbrauen. Er hatte zwar keinen Impfpass mit - „den hab ich schon ein paar Jahre nicht mehr impfen lassen..." - wohl aber sein „Bettchen": einen dünnen Baumwollfetzen, weder warm noch weich, der keine, aber auch gar keine Ähnlichkeit mit einem Hundebett aufwies. Großzügig hatte der Züchter dieses Stück Stoff Cody „zur Erinnerung" mitgegeben. Da ich indes sicher war, dass Cody sich nicht wirklich gern an diesen Mann und an seine Zeit im Zwinger würde erinnern wollen, erlaubte ich mir, den Lumpen anderer Verwertung zuzuführen.

Was war das nun für ein Hund, dieser Cody? Zunächst einmal hatte er natürlich Probleme, das, was mit ihm eben geschah, in seinem Kopf geordnet zu kriegen. Er traute sich bei uns nicht ins Haus rein; wenn er dann drin war, traute er sich nicht mehr raus. Er ging ganz ordentlich an der Leine; wenn man ihn allerdings ableinte, ließ er sich nicht mehr anfassen, kam nicht näher als auf drei Armlängen heran. Es war dann nicht einfach, ihn auf dem Grundstück wieder einzufangen. Am ersten Abend war er besonders widerborstig, spielte Fangen mit uns, wich zurück, versteckte sich hinter dem Gebüsch, abwartend, von welcher Seite ich kommen würde, um dann nach der anderen Seite abzuhauen. Wir versuchten, ihn einzukreisen; schon allein deshalb ein hoffnungsloses Unterfangen, weil wir, meine Schwester Lynn und ich, nur zu zweit waren. Wenn wir ihm gar zu arg zusetzten, knurrte es im Dunkeln - aber das war keine Drohung, sondern es hieß: „Wieso könnt ihr zwei hartnäckigen Weiber mich nicht endlich in Ruhe lassen?!"

Später in der Nacht machte sich bei Lynn und mir Ratlosigkeit breit, wie wir seiner wieder habhaft werden sollten, wir wollten ihn auf keinen Fall bis zum Morgen unbeaufsichtigt draußen lassen. Ohne brauchbare Strategie stellten wir ihm weiter kreuz und quer übers Grundstück nach. Wer unseren ziemlich großen Garten kennt, weiß, dass das nicht wirklich zielführend sein konnte, aber etwas Besseres fiel uns nicht ein.

Dann aber hatten wir Glück: Als Cody gerade wieder mal zwischen unseren ausgestreckten Armen durchgeprescht war, hielt er es wohl für eine prima Idee, durch das geöffnete Türchen in den kleinen Gemüsegarten zu entwischen. Drinnen merkte er aber schnell, dass das ein Fehler gewesen war, weil es hier für ihn kaum mehr Ausweichmöglichkeiten gab. Er drehte sich also um, wollte gleich wieder raus, aber da waren wir schon an der Tür und versperrten ihm den Rückweg. Ratlos knurrend wich er in die Dunkelheit zurück. In dem Moment war uns durchaus klar, dass es von nicht unerheblicher Bedeutung sein würde, ob wir sein Knurren auch wirklich zutreffend interpretierten. Würde er „seinen Worten Taten folgen lassen" oder nicht? Wir kamen zu dem Schluss, er würde nicht.

Lynn bewachte den Ausgang. Ich ging auf ihn zu, hockte mich auf halbem Weg auf den Boden, brabbelte - den Blick abgewandt – beschwichtigend vor mich hin, streckte ihm die Hand entgegen. Ob Cody nun meinen freundlichen Worten glaubte oder nur keine bessere Idee hatte, weiß ich nicht. Jedenfalls kam er auf mich zu, ganz langsam, Schritt für Schritt, gerade so weit, dass meine Fingerspitzen an sein Gesicht reichten. Und da, bei der ersten Berührung fiel es ihm wie Schuppen von den Augen: „Das sind nette Mädels, die wollen mir ja gar nix tun!" Problemlos ließ er sich anleinen und ging mit uns ins Haus.

Von da an machte er erstaunlich schnelle Fortschritte, verlor nicht nur die Scheu vor uns, sondern auch gegenüber Fremden. Er begrüßte Besucher offen und freundlich, war nicht die Spur dominant oder schwierig oder gar aggressiv. Sein Umgang mit Kindern war gelassen, der mit Katzen vorsichtig und der mit anderen Hunden korrekt - bis auf einen einmaligen, allerdings späteren Vorfall.

Das Leben in dieser Art, wie er es bisher nicht gekannt hatte, fand er supertoll. Zum Vorschein kamen sie alle, die bei Doggen so geschätzten Eigenschaften: Er war anhänglich und loyal, gehorchte auf kleinste Zeichen. Spaziergänge mit ihm waren die reine Freude, er verlor nie den Blickkontakt und war doch übermütig und rannte ausgelassen um mich herum. Selbst beim Tierarzt war er - trotz der bei Hunden so weitverbreiteten Panikattacken - mühelos zu handhaben, vertraute mir sogar dann noch, als er auf einen Tisch gewuchtet, sein Brustkorb mit Gel bestrichen und sein Herz ultraschalluntersucht wurde.

Cody ist ein prima Hund geworden. Zum Dank, dass wir ihm das Leben gerettet hatten, bemühte er sich, alles richtig zu machen. Wenn ich mit ihm redete, saß er vor mir, aufmerksam, um nur ja keines meiner Worte zu verpassen. Seine Blicke waren dabei so offen und anrührend liebevoll, dass

ich ihn oft einfach in den Arm nehmen und drücken musste, und da spürte ich ihn jedesmal zittern vor Glück.

Ich richtete mich ganz gut ein mit dem Gedanken, dass eine achtjährige Dogge bei der bekannt niedrigen Lebenserwartung dieser Rasse ja vielleicht gar nicht mehr zu vermitteln wäre. Von mir aus konnte er gerne bleiben - von Coba aus allerdings nicht. Coba war der seinerzeit amtierende Hausherr in Guntersdorf mit sehr feinem Gespür für Konkurrenz. Seine Sympathie für Cody blieb weit hinter meiner zurück.

Eines abends, als ich noch am Computer arbeitete, kam Coba aus dem Garten und ins Büro gestürmt, um mir „irgendwas Wichtiges zu erzählen". Cody lag wie immer hinter meinem Sessel und versperrte Coba den Weg, und dann ging alles ganz schnell. Die auf beiden Seiten aufgestaute Eifersucht entlud sich in einer lautstarken Rauferei. Die zwei Streithähne wogen zusammen bestimmt 140 Kilo, dies bei einer Grundfläche des Büros von 9 Quadratmetern - abzüglich Regalen, Schreibtisch und Sofa. Glücklicherweise ließen sie sich bereitwillig trennen, jeder wohl insgeheim froh, dass sie diese Keilerei nicht wirklich zu Ende bringen mussten. Es war fortan nicht ganz einfach, die beiden Jungs davon zu überzeugen, dass es besser für alle sei, Waffenstillstand zu halten.

Aber das Leben hielt für Cody noch eine große Überraschung bereit. Eine Familie aus Mönchengladbach war auf der Suche nach einer Dogge, etwas ruhiger sollte sie schon sein, da sie Kinder und Katzen hätten, aber wenig Hundeerfahrung. Sie kamen also zu viert zu uns, blieben hier über Nacht, und so hatte Cody Gelegenheit, ihnen zu zeigen, dass er genau der Richtige für sie wäre. Sie nahmen ihn mit und haben es nie bereut. □

# Merlin

Grob gerechnet sind es jeden Monat so zwischen 150 und 300 Telefonanrufe, die uns in der Guntersdorfer Idylle erreichen. Und eigentlich weiß man ja nie, was einen erwartet, wenn es klingelt: Die Nachricht kann wichtig sein oder banal, erfreulich, traurig oder ärgerlich. Es gibt Telefonate, die Freude und Glück bedeuten, aber auch solche, die Schmerz und Kummer ins Haus bringen. Und nur ganz selten – dem Himmel sei Dank – erreichen uns Anrufe wie jener, als wir hören mussten, dass Merlin tot sei. Nicht durch Krankheit oder Unfall, sondern durch den hinterhältigen Anschlag eines miesen Giftmischers wurde das freundlich-warme Licht eines Hundelebens ausgelöscht. Und die Welt war wieder einmal ein bisschen dunkler und kälter geworden. Hier ist Merlins Geschichte:

Als er zu uns kam, hieß er noch nicht Merlin, da waren er und sein Bruder die namenlosen Babies einer ziemlich ausgemergelten Doggenmama. Hübsche kleine Knöpfe waren die beiden, die sich prächtig entwickelten und bald auf unserem Hof ihr Unwesen trieben.

Obwohl niemand wusste, was aus den Jungs später mal für Hunde werden sollten – der Vater war unbekannt, aber wohl eine Nummer kleiner als eine Dogge gewesen –, fanden sich für sie zwei junge Familien mit Hundeerfahrung. Die zwei Hundekinder – Merlin und Negro sollten sie später heißen – zogen also in die Welt hinaus. Wir konnten damals nicht ahnen, dass wir bei der einen Familie eine gute, bei der anderen aber eine schlechte Wahl getroffen hatten. Merlin hatte von den zweien die schlechtere Karte gezogen hatte.

Anfangs war noch alles eitel Freude. Merlin wuchs heran, war gut zu den Kindern, verstand sich prima mit der Hündin der Familie: er war ein rechter Wonneproppen. Nach gut einem Jahr aber kippte es: Aus dem Wonneproppen sei ein Raufbold und Flegel geworden, klagte man. Da sahen wir nur zwei Möglichkeiten: Entweder sollten sie uns den Bengel zurückbringen oder sich intensiver mit seiner Erziehung befassen. Nein, zurückgeben würden sie ihn nicht, man wolle es noch einmal mit ihm versuchen. Monatelang ging es dann wieder gut, bis es endgültig hieß: Merlin muß weg, und zwar sofort. Er sei stänkerisch und aggressiv mit anderen Rüden – einfach nicht mehr auszuhalten. Man drohte sogar, ihn ins nächstgelegene Tierheim zu bringen, wenn er nicht umgehend abgeholt würde. Wir machten uns auf das Schlimmste gefasst: Ein 40-Kilo-Rüde mit zweieinhalb Jahren und absolut unregierbar: wir legten schon mal einen Maulkorb zurecht, für alle Fälle.

Nicht schlecht staunten wir aber, als Lisa, unsere langjährige Mithelfe-rin, mit ihm auf dem Hof ankam: Hereinspaziert kam ein Sunnyboy der allercharmantesten Sorte; ein freundlicher Bursche mit offenem Blick, auf-merksam und herzlich im Umgang mit Menschen, fair und korrekt mit Art-genossen.

Lisa berichtete, dass sie bei Merlins - nunmehr ehemaliger - Familie mehrere Doggen, darunter mindestens zwei Rüden, gesehen hatte. Es gab klare Hinweise, dass diese Leute zwischenzeitlich angefangen hatten, Rassehunde zu züchten. Das erhellte die Situation natürlich: Verliebte Jungs! Die Bereitschaft der Rüden, sich gegenseitig eins auf die Mütze zu geben, steigt proportional zur Anzahl der Damen, die übers Jahr immer mal wieder nach Bräutigamen Ausschau halten. Und wie sollte Merlin wissen, dass er in den Augen seiner Besitzer nicht zum Kindsvater taugte, weil er halt bloß ein Mischling war. Da konnte er sich prügeln, soviel er wollte. Wahrscheinlich war er ihnen einfach zum „unnützen Esser" geworden, Hundezucht muß schließlich was abwerfen.

Die Show, die diese Leute abgezogen hatten, als Lisa ihn holte – es falle ihnen trotz allem schrecklich schwer, den Hund wegzugeben, man würde bald anrufen, um zu hören, wie er es denn verkraftet hätte -, war nur leeres Geplapper. Sie haben nie angerufen, sich nach ihm zu erkundigen. Wir jedoch waren dankbar für die zweite Chance, Merlin ein nunmehr wirklich gutes Zuhause suchen zu können.

Nun aber kommt der schwierigste Teil dieser Geschichte, denn was sind schon Worte, das Wesen eines Hundes einzufangen, dessen Name nicht treffender hätte sein können: Merlin, der Zauberer. Allein seine Art, sich zu bewegen, war Poesie. Dieser Mischling mit einem kräftigen Schuß Dogge, schlaksig und langbeinig, aber nicht zu groß, schwarz mit weißen Socken, von perfekter Statur, hatte einen ganz besonderen Schwung an sich. Wenn er lief, dann lief er nicht einfach: er trabte wie ein Zirkuspferd, kokett die Pfoten hochziehend, stolz und ein klein wenig extravagant. Von seiner Mutter Mona hatte Merlin den Augenaufschlag geerbt: den Kopf ein wenig gesenkt und leicht zur Seite geneigt, warf er einem Blicke zu, mit denen er jede Hollywood-Diva in die Ecke stellen konnte.

Was Merlin tat, tat er stets mit Bedacht: niemals schlang er sein Essen hinunter, sondern nahm Häppchen für Häppchen und kaute es gründlich. Auch bei Nachspeise oder Betthupferl galt: sorgfältig kauen - Augenauf-schlag - kauen - schlucken - Augenaufschlag.

Merlin war uns auch auf dem Hof von unschätzbarer Hilfe. Aufmerk-sam beobachtete er zuerst, was man tat, und packte dann entschlossen mit an. Er trug Äste, wenn wir Baumschnitt abtransportierten, Spielzeug, wenn wir es einsammelten, und er legte das Zeug auch genau da ab, wo es hin sollte. Am liebsten aber arbeitete er mit der Schubkarre. Wenn wir Heu wegfuhren, quer über den Hof und runter bis ans Ende des Grundstücks, ging er neben einem her, gemessenen Schritts, sein Kopf exakt auf Höhe der Schubkarrengriffe. Er schaute immer wieder hoch - Augenaufschlag -, um zu fragen: „Ist es so richtig? Oder soll ich besser auf der anderen Seite gehen?" Auch wenn die Schubkarre dreißig mal hin- und hergeschoben wurde, es wurde ihm nie zu viel, er hielt durch, bis alle Arbeit getan war.

Merlin und unser Doggenrüde Coba waren einigermaßen gute Kumpels. Sie sahen sich recht ähnlich, bei Coba war nur alles ein bisschen größer – und langsamer. Die beiden zogen oft los – wie Pat und Patachon – Schulter an Schulter, um irgendwo auf dem Hof nach dem Rechten zu sehen. Es dauerte meist einige Zeit, bis Coba es merkte, wenn Merlin ihm, was er ab und an tat, eine Nase drehte: Merlin schnitt ihm – fröhlich pfeifend – den Weg ab, rempelte ihn in vollem Lauf an oder drängelte sich an der Tür vor – alles Dinge, die sich eigentlich nur der Boß erlauben darf, nicht aber seine verkleinerte Kopie. Und wenn in Coba dann langsam Zorn aufkeimte, hatte Merlin so seine Art zu sagen: „Okay-okay, war nicht so gemeint. Natürlich bist du der Big Boß. Kann ich sonst noch irgendwas für dich tun?" Und so-

fort war alles wieder im grünen Bereich. Nur ein einziges Mal haben die zwei gerauft: da hatte das Settermädchen Biene den beiden schöne Augen gemacht und ihnen total die Köpfe verdreht.

Es dauerte über ein Vierteljahr, bis endlich die Richtigen kamen. Familie M. schien wie gemacht für Merlin, unternehmungslustig und
spielfreudig, mit einem achtjährigen Sohn, dem Merlin gleich beim ersten Besuch den Ball brachte. Ohne noch weiter Zeit zu verschwenden, legten die beiden dann auch sofort los. Alles passte bis auf's i-Tüpfelchen, das Warten hatte sich gelohnt

Merlins allergrößte Leidenschaft aber war das Spiel. Wenn er meinte, die Sterne stünden gut, besorgte er rasch irgendeinen Gegenstand, den eine

Menschenhand werfen konnte, legte ihn seiner auserwählten Person vor die Füße – Augenaufschlag: „Ich will ja nicht aufdringlich sein, aber... könntest du vielleicht... ich meine, würde es dir große Umstände machen, dieses Ding für mich zu werfen, wenigstens einmal...?"

Merlin, der Zauberer, liebte das Spiel. Wenn sich jemand Zeit für sein Spiel nahm, war er der glücklichste, aufmerksamste, freundlichste und charmanteste Hund dieser Welt. Nur leider allzu oft glaubten wir, unaufschiebbare und wichtigere Dinge um die Ohren zu haben, als mit Merlin zu spielen. Wir hatten selten Zeit. Schon allein deshalb war klar, dass Merlin nicht bei uns bleiben konnte, sondern für ihn diesmal eine wirklich passende Familie gefunden werden müsste, so gerne wir ihn auch hier behalten hätten.

Glücklich packten sie ihn ins Auto, wohl wissend, dass sie einen ganz besonderen Hund gefunden hatten. Wir verabschiedeten uns von unserem „Merli-Bärli", ein bisschen wehmütig, ihn gehen lassen zu müssen. Wir versprachen, ihn bald zu besuchen. Wie sollten wir auch ahnen, dass wir ihn nie wieder sehen würden. Nach nur vier Monaten wurde von elenden Tierhassern dieses Glück beendet, auf das Merlin so lange hatte warten müssen.

Wir teilen den Schmerz und die Tränen dieser Familie, weil wir ermessen können, was für eine Lücke der Tod dieses liebenswerten Burschen hinterlassen haben muß. Wir reden oft von Merlin. Und wir bedauern all die Spiele, die zu spielen wir uns nicht die Zeit genommen haben. ☐

## Fielmann

„Eine Frau über 35 läuft eher Gefahr, von einem Tiger gefressen zu werden, als einen Mann zu finden..." Diesen Buchtitel von Serena Gray kann man gut auch auf Tierheimhunde anwenden: „Ein Hund über 17...."

Seine Chancen, ein neues Zuhause zu finden, sind als sehr gering einzustufen: Dieser mittelgroße Mischling in Schäferhund-Optik ist stockblind, herzkrank, fast zahnlos und schwerhörig. Sein bisheriges Leben liegt im Dunkeln. Was erzählen uns sein abgetrenntes rechtes Ohr oder die dicken Narben um den Hals? Einen Teil seiner - geschätzten - 17 Jahre wird er wohl an einer Kette verbracht haben, die ihm in die Haut eingewachsen war. Aber eigentlich - so ganz genau wollen wir es gar nicht wissen. Seinen Namen - Fielmann - hört er nur, wenn man ihn in ganz bestimmter Tonlage ruft, mit schrillem „i" und vor allem sehr laut. Dass bei dem Wort „Fielmann" er gemeint ist, hat er allerdings rasch kapiert. Mit viel Gebrüll und einem warmen Regen aus Wurst und Hühnerkrägen hat er bald gelernt, dass sich sein Leben nun von Grund auf geändert hatte: Er war jetzt so etwas wie ein Familienhund mit eigenem Namen, eigenem Kissen, eigenen Herztabletten und dem Recht auf eigene Streicheleinheiten.

Letztere hat er gelernt einzufordern: Er stellt sich mitten ins Zimmer und bellt. Wenn das nicht gleich den gewünschten Erfolg bringt, fängt er an zu knurren. Und ich schwöre, in keinem Ungeheuergruselfilm hat man jemals auch nur annähernd furchterregende Töne gehört. Wenn man gerade telefoniert, fragen die Leute am anderen Ende meist: „Um Himmels willen, was ist denn bei Euch los??!!"

Sobald er hat, was er will - Ohren kraulen, Rippen klopfen oder in den Arm nehmen -, hört er auf zu knurren, er grunzt, rudert mit dem Schwanz, hustet noch kurz und legt sich wieder hin. Er ist zufrieden. Stundenlang kann er sich auch im Garten beschäftigen, dessen Topographie er mittlerweile gut im Kopf hat. Als kürzlich auf unserem Grundstück ein Graben ausgehoben wurde, haben wir diesen allerdings wegen Fielmann gut abgedeckt; er wäre mit Sicherheit hineingeplumpst. Er liebt es, abwechselnd in der Sonne zu sitzen und dann wieder seine Kreise zu ziehen. Dabei ist er von einer ganz besonderen Halsstarrigkeit. Hat er einmal eine Richtung eingeschlagen, kann ihn nichts und niemand umlenken; er weicht zwar aus, kehrt aber immer wieder auf seine Spur zurück. Meine Schwester Lynn sagt, er „zieht durch den Garten wie ein surrealistisches Gefährt."

Er hat sich unglaublich gut bei uns eingelebt. Er findet alles und verpaßt nichts. Dabei hilft ihm seine Nase, die - wohl in Ermangelung der anderen Sinnesorgane - besonders gut funktioniert. Wenn wir Essen austeilen - Fielmann ist schon in der Küche. Wenn es Nachspeise gibt - Fielmann steht schon bereit. Wenn die ganze Truppe unser Abendessen probieren darf: jeder zwei Nudeln mit Käsesahne - Fielmann verdrückt sie, als hätte er nie etwas anderes gegessen. Vor allem, wenn es Hühnerkrägen oder Pansen gibt, schnappt er erbarmungslos zu - aber nicht so schlimm, man kann die Finger zwischen seinen zahnlosen Kiefern unversehrt wieder herausziehen.

Natürlich wäre es ein Traum, wenn er noch ein eigenes Plätzchen bekommen könnte mit mehr Streichelzeit, als dies bei uns möglich ist. Aber wie schon gesagt, ein Hund über 17..... Und so bleibt uns nichts, als in den Monaten, die er noch bei uns ist, für ihn zu sorgen und ihn vor Tigern zu beschützen. □

## Rex

Unser Hausrudel befindet sich ständig in irgendeiner Phase. Mal haben sie die Apfelphase, wo sie tonnenweise Äpfel hereintragen und essen, oder die Walnußphase. Mal sind es Matratzen, die angebissen, mal Schuhe, die herumgetragen werden. Dann wieder gibt es Zeiten, in denen sie im Garten unablässig Löcher buddeln. Auch eine Klopapierrollen-, eine Fernseh-zeitungs-, eine - besonders unangenehm - TV-Fernbedienungs- und eine Scheibengardinenphase hatten wir schon. Niemand weiß, wie so eine Phase anfängt oder wie lange sie dauert. Kürzlich herrschte bei uns die Strumpf-hosenphase. Die Strumpfhose, die ich abends über den Stuhl gehängt hatte, fand ich anderntags draußen auf dem Hof liegend - zerrissen natürlich.

Immer wieder sah man einen der Hunde übers Anwesen rennen, eine Strumpfhose hinterherflatternd. Rex, ein pfiffiger Schäfer Rotti-Mix von 9 Monaten saß auf dem Sofa, auffallend ange-spannt, mit irgendetwas Wichtigem zwischen den Pfoten. Lynn ging hin, um nachzuschauen. Es war - richtig - eine Strumpfhose. Lynn hatte die Hand schon ausgestreckt, um sie ihm weg-zunehmen, als sie seinen Blick auffing, der sag-te: „Mach' mit mir, was Du willst. Laß' mich drei Tage hungern, sperr' mich in einen Zwinger – aber - BITTEBITTE!!! nimm mir nicht diese Strumpfhose!" □

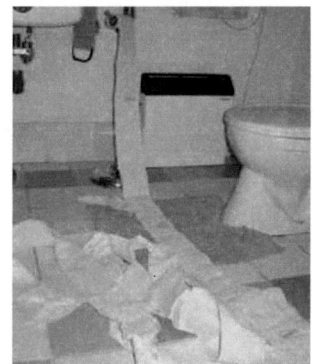

Die Klopapierrollenphase

## Donna

Ein Hund ist in der Regel demjenigen ausgeliefert, dem man das Ende der Leine in die Hand drückt - abgesehen vielleicht vom Neufundländer auf-wärts. Schon allein deshalb ist Tierschutz manchmal ein arg hartes Geschäft: Die Entscheidungen sind oft von größter Tragweite, die Verant-wortung lastet schwer auf den Schultern.

Im Lauf der Jahre sind meine Schwester Lynn und ich da recht cool geworden. Und routiniert. Wir haben Menschen einzuschätzen gelernt, Hunde natürlich auch. Aber das war nicht immer so. Hier die Geschichte unserer ersten Hundevermittlung:

Kaum waren die „Tierfreunde Niederbayern" aus der Taufe gehoben - die Tinte auf dem Protokoll der Gründungsversammlung war wohl noch gar nicht ganz trocken und die Meldung für's Vereinsregister lag noch irgendwo beim Notar herum -, gab es schon den ersten Großeinsatz. Die polnische *hard core*-Tierschützerin Marianne Danyluk rief an und berichtete, dass eine Doggenzucht aus Altersgründen der Züchterin aufgelöst werden sollte. Für den Restbestand der Tiere - also DOGGEN!! - sei die Todesspritze praktisch schon aufgezogen.

Ich gebe zu, ich fuhr einen „heißen Reifen" nach Sedlce, Polen, das noch eine Ecke östlicher liegt als Warschau. Knapp drei Tage später brachte ich sie nach Hause: Vater-Dogge, Mutter-Dogge und Kind-Dogge. Dass mich der Sohn der alten Züchterin erpresst und mir eine schöne Stange Geld abgeknöpft hatte, ehe er die Hunde herausrückte, war für mich weit weniger schlimm als die Erkenntnis, dass ich unmöglich alle drei Doggen selber behalten konnte, schließlich hatte ich zu Hause ja auch schon zwei.

Das Doggenkind, die fünf Monate alte Donna, war natürlich die erste, die mir entrissen werden sollte. Aber wer in aller Welt war gut genug, diesen Traum auf vier Gummibeinen nach Hause zu führen? Plötzlich verstand ich die besorgten Väter: „Junger Mann, können Sie meine Tochter überhaupt ernähren?"

Nadja, Michael und Andreas Trassl, eine junge Familie in wohlgeordneten familiären und finanziellen Verhältnissen, an denen ich beim besten Willen nichts auszusetzen fand, streckten also ihre Finger nach „meiner" Donna aus. Wie sollte man die Leute denn nun prüfen? Polizeiliches Führungszeugnis verlangen? Oder Referenzen, Familienstammbuch, Gesundheits- oder Leumundszeugnisse, Verdienstbescheinigungen? Wie konnte ich sicherstellen, dass sie diese Hündin ihr ganzes Leben lang, Tag für Tag, restlos glücklich machen würden? Vielleicht sollte ich bei den Leuten erstmal selber für drei Wochen probewohnen?

Aber es half alles nichts. Natürlich waren sie die Richtigen für Donna. Also verschwand ich heimlich ins Büro und tippte in aller Eile einen rasch zusammengezimmerten „Abgabevertrag", den die Trassls unterschreiben sollten, sicher ist sicher. Innerlich völlig zerrissen händigte ich Donna aus. Die Geldscheine, die dabei als Spende an den Verein übergeben wurden, brannten in meinen Fingern wie dreissig Silberlinge.

Ob es die richtige Entscheidung war?

Die ersten Fotos, die wir von Donna bekamen, zeigten sie unterm Sonnenschirm am Mittelmeer. Donna ist jetzt über vier Jahre alt, hat jeden Tag seitdem gelebt wie die Made im Speck. Ihre Bedürfnisse stehen täglich ganz oben auf der Liste der Prioritäten.

Die Trassls haben Donnas zartes Naturell nicht etwa mit Erziehungsmaßnahmen belastet. Der Umgangston in dieser Familie ist vorbildlich, hier werden Hunde nicht zu Menschen zweiter Klasse degradiert.

Mit eigenen Ohren habe ich Nadja einmal sagen hören: „Donnili - machst du bitte mal n'schönen Sitz?" Wenn ich mich recht erinnere, lautete Donnas ebenso höfliche Antwort: „Nadjalein, ich hab' im Moment leider gar keine Zeit."

Nach der Kastration - deren Für und Wider zuerst jahrelang in der Familie diskutiert werden musste -, als Donna also etwas mitgenommen auf dem großen, dicken Kissen lag, ist Nadja vor ihr gekniet und hat sich an die tausendmal dafür entschuldigt, dass sie ihr so etwas Schreckliches hatte antun müssen. Ich nehme im übrigen stark an, dass die USA-Reise, von der die Trassls manchmal träumen, erst angetreten wird, wenn auch ganz große Hunde mit im Passagierraum der Intercontinental-Flugzeuge sitzen dürfen.

Donna ihrerseits dankt den Trassls für all die Fürsorge und Liebe, indem sie wichtige Aufgaben innerhalb der Familie übernimmt. So sorgt sie zum Beispiel zuverlässig dafür, dass kein Radfahrer mehr an ihrer Einfahrt vorbeifährt. Sie lehrte Nadja, dass es im Leben nicht um Materielles gehen darf, indem sie ihre Sammlung kostbarer Tücher - von ESCADA aufwärts - sorgfältig in kleine Stückchen zerbiß.

Wenn Nadja einen wichtigen Vortrag halten muß vor hunderten von Leuten, wer spuckt ihr da wohl morgens über die Schulter, um ihr - toi toi toi - viel Erfolg zu wünschen? Richtig. Donna. Allerdings hat sie das Ritual ein bisschen abgewandelt: Sie drückt ihr die Frühstücks-Quarkschnauze treffsicher ans Revers des edlen Kostüms. Donna ist auch rührend besorgt um Michaels Fitness, sie hat ihm ein ausgewogenes Trainingsprogramm zusammengestellt: Donna läuft voraus über Wiesen und Felder und Michael hinterher; ganz vorne läuft dann meistens noch ein Reh.

Ja, es war eine gute Entscheidung damals. Die fünf Trassls sind's recht zufrieden. Wer die fünfte Person ist? Die fünfte ist Lucy, eine kleine Hündin, die in der Zwischenzeit noch dazugestoßen ist. Woher? Aus Polen natürlich. Nadja Trassl hat mich beim nächsten Großeinsatz nach Warschau begleitet und sie von dort mitgebracht.

Hab' ich anfangs gesagt, dass Tierschutz manchmal ein arg hartes Geschäft ist? Nun, das muß ich relativieren: Manchmal ist Tierschutz auch ganz easy. □

# Heidi

Für kurze Zeit im letzten Jahr war es uns vergönnt, ein Münsterländermädchen zu beherbergen. Heidi, ein liebliches, fast ätherisches Wesen mit weißen und braunen Locken, die dunklen Augen purer Plüschsamt, freundlich, anschmiegsam, aber auch zurückhaltend und ein bisschen zaghaft. Das allerletzte, was Heidi hier wollte, war unangenehm auffallen.

Aber hin und wieder gab sich der Blick frei auf den Profi, der in ihr steckte. In ihrer beruflichen Laufbahn als Jagdhund hatte sie sich schon früh spezialisiert auf's Apportieren. Sie schleppte alles an, was sie zwischen die Zähne kriegen konnte, wobei sie sich nicht lange mit läppischen Holzstöckchen aufhielt. Spielzeug und Schuhe, klar, Pullis und Handtaschen, Schüsseln, die Fernbedienung, es wurde immer toller, Heidi wuchs über sich selbst hinaus.

Einmal erwartete sie uns beim Nachhausekommen mit einem scharfen Messer, auf der einen Seite der Schnauze stand der Griff raus, auf der anderen die blitzende Schneide. Heidi handelte das Thema „Apportieren" endgültig ab und brachte es auf den Punkt an dem Tag, als sie uns am Tor erwartete, lobheischenden Blicks, erwartungsvoll wedelnd, quer zwischen den Zähnen die Klobürste. □

# Coba

Coba, der schwarze Doggenrüde, hatte mal wieder über die Stränge geschlagen: Abends, nach dem Betthupferl, wenn er genau weiß, dass in Guntersdorf bald die Lichter ausgehen und Nachtruhe einkehrt, muß er ab und zu noch einen Zug um die Häuser machen. Dann springt er in einem günstigen Moment, den er klug abzuwarten weiß, über den Zaun und verschwindet in der Nacht.

An jenem Abend, als er Punkt Mitternacht endlich zurückkommt und guter Dinge, um nicht zu sagen: fröhlich pfeifend, ins Haus schlendert, hat mein Ärger über diesen Lumpen längst der Sorge Platz gemacht, dass ihm doch hoffentlich nichts passiert ist da draußen.

Trotzdem: ANSCHISS! Schluß mit lustig, Marsch auf deine Couch und Licht aus! Da zieht er ab, Ohren auf Halbmast, und dreht sich in einer Ecke seiner Couch auf ein Viertel seiner stattlichen Größe zusammen. Er steckt die Nase unter sein angewinkeltes Knie und weiß, dass jetzt dringend Zerknirschtsein angesagt ist.

Und dann geht mir vor dem Einschlafen wieder einmal seine Geschichte durch den Kopf: Durch viele Hände ist dieser Bursche schon gegangen. Auch wir haben dabei Fehler gemacht: Wir haben uns täuschen lassen, den schönen Worten geglaubt und ihn den falschen Leuten gegeben. Irgendwann auch muß irgendwer versucht haben, ihn scharf zu machen: da hat er wohl Prügel bezogen, bis er kapiert hat, dass er auf Befehl in Menschenarme beißen muß.

Einmal hat er dann tatsächlich richtig zugebissen, aber leider den Falschen erwischt. Dann hatte man wohl das Interesse an ihm verloren, und er hing die meiste Zeit des Tages an der Kette. Eine Tierschutzbeauftragte, die daraufhin auf den Plan trat und sich für ihn einsetzte, erzählt heute noch mit Schaudern, dass Coba sie im Haus seiner damaligen Besitzer bei jeder Bewegung mit gefletschten Zähnen angeknurrt habe, ihr sei das Blut in den Adern gefroren: der schlimmste Hausbesuch in den vielen Jahren ihrer Tierschutzarbeit.

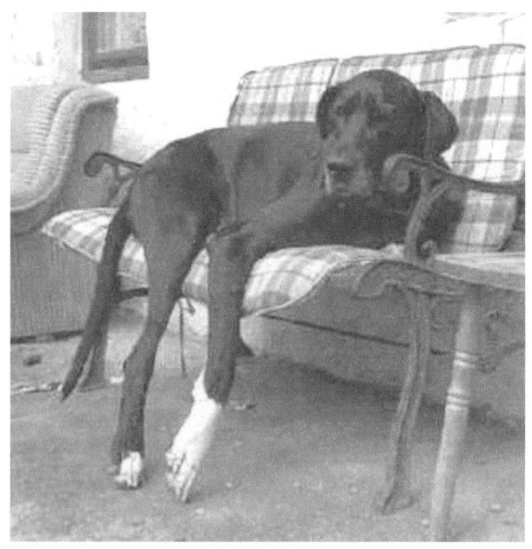

Als Coba nach seiner Odyssee zu uns kam, war er ein mißtrauischer und trauriger Hund, schwierig und unberechenbar.

Es wäre gelogen zu behaupten, er hätte die ersten Monate bei uns nicht auch  noch so seine Ausrutscher gehabt. Aber er hat sich gründlich geändert: fröhlich und ausgelassen tobt er mit der Meute im Hof, gräbt mit Leidenschaft den Gemüsegarten um, lacht von einem Ohr bis zum anderen, wenn wir über die Feldwege ziehen. Er liebt Zwetschgen, Weintrauben, getrocknete Rinderohren und Kuscheln auf der Couch.

Er ist ein guter Hund geworden... Jetzt kann man ihn, wenn man einen Augenblick innehält, in Situationen wie dieser beobachten: Coba steht an der Wasserschüssel und trinkt mit großem Durst, dass es nur so schlabbert. Es nähert sich die zarte Elfie, eine kleine Münsterländerin. Ein bisschen tapsig, weil ihre Augen nicht mehr die besten sind, sucht sie zur Schüssel. Coba merkt's, hört auf zu trinken und macht einen Schritt zur Seite, so dass Elfie an den Wassernapf kann. Als sie genug getrunken hat und abdreht, geht Coba wieder an die Schüssel und schlabbert weiter.

Ich wache in jener Nacht, in der er ausgebüchst ist und einen Anschiß kassiert hat, wieder auf, als Coba von der Couch heruntersteigt. Ganz leise kommt dieser 70-Kilo-Bursche an mein Bett. Im Dunkeln fühle ich, wie er seinen großen Kopf auf mein Kissen legt. Und er flüstert, so leise, dass nur ich es hören kann: „Hey du... Ich kann doch nicht schlafen, wenn du mit mir böse bist...” □


# Die alte Biene

Mitternacht ist schon vorbei, Stille liegt über dem Haus. Ich sitze im Wohnzimmer auf einer Matratze neben der alten Biene. Krankenwache. Ich habe die erste Schicht übernommen, meine Schwester Lynn will mich später ablösen. Es gibt nichts, was wir für Biene noch tun könnten, außer bei ihr zu sein. Ich habe also Zeit nachzudenken über diese Hündin und ihr Leben, das heute nacht zu Ende gehen wird.

Vor 13 Jahren hatte eine junge Familie ein Gordon-Setter-Baby von einem berüchtigten Zwinger gekauft, wo man noch mindestens 99 weitere Hunderassen verscherbelte. „Produziert“ wurden die meisten der dort angebotenen Hundekinder da, wo es am billigsten war: dieses Baby beispielsweise kam aus Tschechien. Die Familie hatte Glück und einen gesunden, psychisch stabilen Welpen erworben, was bei Tieren aus dergleichen dunklen Kanälen keineswegs üblich ist.

Biene wuchs heran zu einer großen, selbstbewussten und wunderschönen Hündin. Sie war ein vorbildliches Familienmitglied, liebte die Kinder und diese liebten sie. Sie hatten viel Spaß miteinander. Sie tollten

35

im Schnee, beim Schlittenfahren zog sie ihnen die Mützen vom Kopf. Oft und gern gingen sie zusammen schwimmen. Wenn die Kinder mit dem Schlauchboot auf den See rausfahren wollten, zog Biene sie am Seil zurück ans Ufer, fast schien es, als hätte sie Angst, es könnte ihnen was passieren. Einmal hat Biene auch Babies zur Welt gebracht, zehn, eins davon ist gestorben, die anderen zog sie auf, sie war eine tadellose Mutter.

Als die Familie später auseinanderbrach, war Biene elf Jahre alt. Die Frau musste arbeiten gehen, zog mit den Kindern in eine Stadtwohnung im dritten Stock, für den Hund war kein Lebensraum mehr. Wohin damit? Einen Lebensabend im Tierheim, aus dessen Zwinger sie wohl nie mehr herausgekommen wäre, wollte man ihr ersparen.

Aber da gab's doch auch noch diese Tierfreunde in Guntersdorf, die haben ein Tierheim – und doch auch wieder nicht. Also wurden wir gefragt, ob wir die Biene auf ihre alten Tage bei uns aufnehmen würden, andernfalls müsse sie wohl eingeschläfert werden. Erpressung war aber gar nicht nötig, natürlich würden wir sie nehmen. Sie wurde also zu uns gebracht, mit all ihren Habseligkeiten: restliche Futterdosen, Schüssel, Decke, Leine, Halsband, übriggebliebene Wurmtabletten, das bisschen halt, was sich in einem Hundeleben so ansammelt. Es versteht sich von selbst, dass es der Frau nicht leicht fiel, die Hündin, die elf Jahre ihr Leben geteilt hatte, bei uns zurückzulassen. Weinend fuhr sie weg.

Bienes Welt aber lag völlig in Scherben. Sie stand am Tor, trat hektisch von einem Fuß auf den andern, weinte, schrie, rang keuchend nach Luft. Zeitweise fürchteten wir, sie würde an diesem Schmerz zugrunde gehen. Tage dauerte es, bis sie überhaupt zuhörte, wenn man mit ihr sprach. Nur ganz allmählich begann sie, am Leben in Guntersdorf teilzunehmen. Und ganz allmählich ließ sie uns in ihr Herz.

Trotz ihrer schon recht wackligen Beine liebte Biene am allermeisten die Spaziergänge; und wenn diese perfekt sein sollten, mussten sie an einem Gewässer vorbeiführen. Beim Anblick von Flüssen, Teichen, Tümpeln war sie nicht zu halten, da musste sie hinein. Sie tauchte so weit unter, dass ihre langen Ohren mit den prächtigen Locken seitlich vom Kopf auf dem Wasser trieben, die Nase hoch, der Blick entrückt. Oft machte sie sich auch allein auf zum Teich am Ende unseres Grundstücks, kam dann zurück, triefend naß, stapfte ins Wohnzimmer und rauf auf die Couch. Meist hieß es dann: „Ach, Mensch, Biene!" Die Antwort war ein trotzig-knappes: „Na und?"

Biene tat eigentlich immer nur, was sie wollte. Ausgestattet mit einem gesunden Selbstbewusstsein, eigensinnig bis stur, war sie ein typischer

Setter-Maulesel-Mix. Vorschriften von uns ließ sie sich kaum machen; von den Hunden aber schon überhaupt nicht.

Biene gewöhnte sich recht gut bei uns ein, wurde zum Mitglied des „Stammtisches", wie das Rudel der eigenen und Unvermittelbaren in Guntersdorf genannt wird; sie war uns eine liebe Gefährtin und das wusste sie auch. Trotzdem konnten wir ihr die verlorene Familie nicht ganz ersetzen. Zwar hat sie nie versucht, mit Fremden anzubandeln, die zu uns kamen, sich einen Hund auszusuchen; wenn aber unterwegs am Horizont Spaziergänger auftauchten, beobachtete sie diese aufmerksam, ließ sie nicht aus den Augen, bis sie sicher war, dass es doch wieder nicht die Richtigen waren  – jene, auf die sie wartete, dass sie zurückkämen, um sie endlich wieder nach Hause zu holen. Ein letztes Quentchen Hoffnung hat sie wohl nie ganz aufgegeben.

Außer den wackligen Beinen und einem chronischen „Frauenleiden" war auch Bienes Herz nicht mehr das jüngste. Von dem Tag an, als sie zu uns kam, musste sie gegen ihre Zipperlein täglich alle möglichen Tabletten und Tropfen schlucken.

Überhaupt, die medizinische Versorgung: Eine halbe Apotheke haben wir zu Hause. Medikamente verteilen ist längst zum allabendlichen Ritual geworden: Tabletten, Säfte, Salben, Augen- und Ohrentropfen, Spritzen. Bei den Tierärzten sind wir - gern gesehene - Stammgäste. Neuankömmlinge müssen erst medizinisch gecheckt, oft auch operiert werden, ehe man über ihre Vermittlung nachdenken kann – eine Versorgung, deren Kosten oft die Schutzgebühr oder Spende bei weitem übersteigen, die wir später bei der Abgabe dieser Tiere erhalten.

Oft werden wir gefragt: „Wer zahlt denn das eigentlich? Ihr könnt doch unmöglich selber...?" Nein, das könnten wir wahrlich nicht. Lynn und ich wären längst unter der Brücke gelandet ohne die Hilfe von Menschen, die die „Tierfreunde Niederbayern" mit ihren Spenden über Wasser halten. Auch die Patenschaften tragen dazu bei, dass wir ruhig schlafen können, weil damit regelmäßig für das Nötigste sicher gesorgt ist. Und wir sind dankbar, dass es im Rahmen des Vereins der Tierfreunde und seiner Mitglieder nie zur Diskussion gestellt wird, dass jeder unserer Schützlinge die beste Behandlung und Versorgung erhält, dass nicht etwa billiges, sondern nur gutes Futter gekauft wird, dass es getrockneten Pansen täglich und für jeden gibt und ab und an einen Ochsenziemer – zumindest für die, die ihn noch beißen können. Auf dieser soliden Basis ist es nicht nur möglich, sondern es macht auch Freude, Hunden wie Biene, Fielmann, Milo, Kali, Angelina, Kathi, Mona und Resi ein Zuhause zu geben, wenn niemand sonst sie mehr haben will.

Halb zwei Uhr in dieser Nacht: Biene hat noch ein paarmal den Kopf gehoben und nach mir geschaut. Ich habe sie bis zum Schluß gehalten und mit ihr geredet, damit sie weiß, dass sie in dieser Stunde nicht alleine ist.

Fast eineinhalb Jahre war Biene bei uns. Morgen früh werde ich sie zum Tierfriedhof bringen und angemessen beerdigen lassen. Auch das zahlt der Verein, und auch darüber hat es noch nie Diskussionen gegeben. □

# Tyson

Das Hunderudel in Guntersdorf ist eigentlich eine recht friedliche Meute, obwohl hier ein ständiges Kommen und Gehen ist, die Zusammensetzung und damit die Strukturen sich wieder und wieder ändern.

Der innere Kern dieser Meute, das Hausrudel – auch „der Stammtisch" genannt – zeigt in der Regel ein hohes Maß an Flexibilität und integrativer Kraft. In der Regel – aber durchaus nicht immer. Das Ende der Toleranz ist ganz schnell erreicht, wenn ein „Stammtischler" das Gefühl hat, dass ein Neuling an seinem Stuhl sägt. Oder dass man sich um einen solchen Neuling über die Maßen kümmert. Wie das damals bei Tyson der Fall war, ich muß es wohl zugeben. Tyson - schon der Name zeigt, wes Geistes Kind sein früherer Besitzer gewesen sein muß - war ein Doggenrüde von stattlicher Größe, oder besser Höhe, denn zur wirklich stattlichen Erscheinung fehlten ihm gut und gern 25 Kilo an Gewicht.

Bis er im Alter von zwei Jahren von aufmerksamen Hundefreunden befreit werden konnte, hauste Tyson in einem Pferdestall. Vielleicht weil er ein überaus friedfertiger Hund war – so gar nicht „tysonesk" –, hatte der Besitzer das Interesse an ihm verloren. Er kümmerte sich kaum um ihn, bemerkte wohl auch nicht, dass das knapp bemessene Futter fast zur Gänze von seiner etwas durchsetzungsfähigeren Berner Senn-Hündin beansprucht wurde; was für den Rüden übrig blieb, war zum Leben zu wenig und zum

Sterben zu viel. Originalton des niederbayerischen Besitzers, als der Hund abgeholt wurde: „Da hint im Schdoi is er, nehmts'n mit, i bin froh, wenn'en nimma seg!" („Dort hinten im Stall ist er, nehmt ihn mit, ich bin froh, wenn ich ihn nicht mehr sehe!"). Vermutlich war auch Tyson froh, diesen Menschen nicht mehr länger sehen zu müssen.

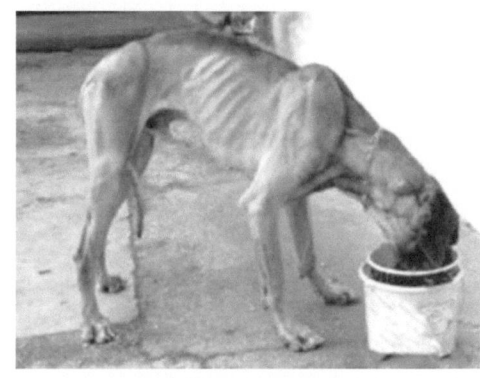

Unterernährung und die feuchte Kälte im Stall hatten ihm arg zugesetzt. Als er zu uns kam, war er ein hustendes, rotzendes, aber vor allem hungriges gelbes Gerippe.

Ja, natürlich erforderte das eine Sonderbehandlung: viele schöne Worte, Streicheleinheiten und anfangs vier, später drei Mahlzeiten am Tag. Wobei es das harmlose Wort „Mahlzeiten" nicht ganz trifft: Schüsseln in der Größe einer Baby-Badewanne, randvoll gefüllt, das ganze fixiert in einem noch größeren Kübel mit Bauschutt: nur so konnten wir verhindern, dass er schon beim ersten Schnapper die Schüssel umkippte und sich die Schonkost gleich einem quark&reisweißen Lavastrom über den Kies im Hof ergoß. Denn selbstredend musste die Fütterung im Freien stattfinden. Es spritzte, gurgelte, sabbelte, quatschte, und in affenartiger Geschwindigkeit war die Wanne leer. Oft gönnten wir uns dieses Naturschauspiel – aus respektvoller Entfernung wohlweislich. Denn gleich nach dem Essen, ganz aufgewühlt von dem Glück, sich den Bauch wieder fast bis zum Platzen vollschlagen gekonnt zu haben, schüttelte er sich, dass die Sabberbacken nur so flogen – und Spucke und Speisereste auch. Überhaupt – die Sabbelei dieses Tyson war selbst für eine hartnäckig unbelehrbare Freundin seiner Rasse wie ich es bin eine Prüfung. Er brauchte nur einmal durchs Haus zu gehen, schon hingen von den Möbelecken, Tischkanten und Sofalehnen, selbst von Wänden und Decken lange, zähe Schleimfäden – als würde man in Guntersdorf jetzt auch in Not geratene Aliens beherbergen.

Ich habe einmal beobachtet, wie Tyson vor seiner eigenen Spucke erschrak: Er schüttelte sich so kräftig, dass die Sabbelfetzen nicht nur seitwärts, sondern auch hoch in die Luft flogen. Als das Zeug dann direkt über ihm wieder runter kam, sah es für ihn wohl aus, als würde jemand etwas nach ihm werfen: mit einem beherzten Satz zur Seite brachte er sich in Sicherheit.

Bei Tyson galten einfach andere Maßstäbe. Mit dem riesigen Schädel, den hängenden Augenlidern, den Ohren groß wie Pfannkuchen und seinem bald wieder erlangten Normalgewicht von über 80 Kilo, war er schon eine beeindruckende Erscheinung. Manche Leute, die sich bei uns für ihn beworben hatten, zogen kopfschüttelnd wieder ab: Nein, so gigantisch hatten sie ihn sich nun auch wieder nicht vorgestellt. Eine Familie kam angefahren mit einem kleinen „Ford K"; sie hatten sich gedacht, dass der Hund, den sie da im Tierheim in Guntersdorf abholen wollten, gut hinten im Stauraum, also einer etwas größeren Taschenablage sitzen könne...

Aber ich wollte ja noch erzählen, wie es dazu kam, dass in Guntersdorf die Erde bebte: Coba, unser Doggenrüde und eigentlicher Hausherr, war zwar gut einen Kopf kleiner als Tyson, war aber trotzdem – oder gerade deshalb – ziemlich sauer auf den gelben Riesen. Da Coba nicht gerade wenig zu verlieren hatte, war er also Titelverteidiger und Herausforderer in einer Person. Eine Zeitlang hatte er zähneknirschend mit angesehen, wie sich „alles nur noch um diesen Tyson dreht", und als dieser mir auch noch schöne Augen machte, platzte ihm der Kragen: er musste ihm – wenigstens einmal – zeigen, wo der Hammer hängt.

Glauben Sie mir, im Angesicht zweier raufender Doggenrüden, die zusammen an die 150 Kilo auf die Waage bringen, sind Sie heilfroh, wenn Sie nicht allein zu Hause sind. Lisa, die gute Seele von Guntersdorf, war zur Stelle, glücklicherweise. Zu zweit konnten wir die beiden trennen, bevor es ernsthafte Blessuren gab.

Als sich einige Wochen später eine junge Familie für Tyson interessierte, war dieser es dann, der Coba eine Nase drehte. Stolz und glücklich verließ er uns, stieg zu den Leuten ins Auto und fuhr davon. Wir kauften einige Kübel Wandfarbe und machten uns daran, seine Spuren zu beseitigen. Es war eine nette Familie, die ihn zu sich holte – und hart im Nehmen. Sie hatten schon mal eine Sabbeldogge gehabt und ließen sich nicht unterkriegen. Ob des neuen Designs nannten sie die Wände im Eßzimmer einfach „Stracciatella" – und damit basta. Tyson und die Tochter des Hauses verstanden sich prima, wohl auch - aber nicht nur -, weil das Kind bis hin zu den Schokokeksen alles mit dem Hund teilte.

Er gab einen prächtigen Familienhund ab, dieser riesige gelbe Kerl, für den immer ein bisschen andere Dimensionen zu gelten hatten. Leider war das Glück nur von kurzer Dauer. Nach knapp einem Jahr – er war gerade mal drei – starb Tyson an Herzschwäche. Vielleicht hatte der Herzmuskel Schaden genommen in der Zeit, als er zum Gerippe abmagerte; vielleicht ist aber auch die Natur bloß nicht eingerichtet auf so große Hunde. □

# Buffy

Den meisten Leuten gefällt es in unserem „Tierheim". Die Hunde machen einen zufriedenen Eindruck und treiben mit den Besuchern allerlei Schaber-

nack. Für Frau B. allerdings war der Besuch bei uns der Anfang vom Ende: ein tödlicher Plan nahm in ihrem Kopf endgültig Gestalt an, als sie das fröhliche Hausrudel sah.

Schon beim ersten Anruf der Frau B. schrillten irgendwo ganz hinten in meinem Kopf die Alarmglocken. Sie wolle ihre 11-jährige Beagle-Hündin Buffy bei uns abgeben, könne aber nicht sagen, warum; und es müsse exakt der letzte Tag dieses Monats sein. Nun ja, am darauffolgenden 31. kam Frau B. mit dem Zug, im Gepäck ihre Hündin, deren Körbchen nebst diversen Habseligkeiten wie Futter, Bürste, Sham-poo, Decke, Kissen, Impfpaß. Lynn, meine Schwester, fand im Gespräch schnell heraus, dass da wirklich etwas ganz und gar nicht stimmte. Frau B. erzählte von Problemen, sie habe einfach die Nase voll von diesem elenden Leben....

Lynn hat lange auf Frau B. eingeredet, ihr diverse Möglichkeiten vorgeschlagen, Angebote gemacht, dass Frau B. zum Beispiel für's erste bei uns bleiben und bei der Arbeit mit den Hunden helfen könne. Frau B. schlug alles aus, sie wolle keine Almosen, sondern ihr Recht, und das kriege sie schon seit sieben Jahren nicht. Sprach's, verabschiedete sich von Buffy und ging davon.

Lynn hatte keine andere Wahl: Sie informierte die Polizei; Frau B. wurde wegen Selbstmordgefahr umgehend in ein Nervenkrankenhaus ein-gewiesen. Nach einem Monat, in dem Frau B. mehrmals bei uns angerufen hatte, um sich nach der Hündin zu erkundigen und uns ihr Leid zu klagen, dass man sie „ins Narrenhaus gesperrt" habe, wurde sie entlassen. Gleich am nächsten Tag kam sie, um ihre Hündin nach Hause zu holen.

Erstaunlich indes war, dass Buffy davon wenig begeistert war, sondern eigentlich lieber bei uns bleiben wollte. Der Moment, in dem die Kleine zögerte, ehe sie sich ein bisschen widerspenstig an der Leine hinausführen ließ, war letztlich wohl der entscheidende in dieser ganzen Geschichte. In den folgenden Wochen aber schien alles in Ordnung. Zwischenzeitlich hatten wir auch erfahren, dass Frau B. seit sieben Jahren ihre Umgebung einschließlich eines amtlich bestellten Betreuers mit mehr oder weniger versteckten Selbstmordandeutungen in Atem hielt; eigentlich nahm man das alles gar nicht mehr ernst. Sie sei eben - so erklärte man uns - psychisch krank, ihre Probleme, die Ungerechtigkeiten, gegen die sie seit Jahren Sturm lief, bestünden nur in ihrem Kopf. Deshalb waren wir auch nicht weiter beunruhigt, als Frau B. sich wieder einmal hier meldete, um sich bestätigen zu lassen, dass wir ihre Buffy zu uns nehmen würden, sollte ihr etwas zustoßen.

Noch in derselben Nacht hat Frau B. sich das Leben genommen. Die Nachbarin fand einen Zettel, auf dem sie gebeten wurde, uns mitzuteilen, es sei soweit, wir möchten jetzt die Hündin abholen. Als ich hinkam, saß Buffy stumm in ihrem Körbchen, daneben ein zweiter Korb, in dem wieder ihre Habseligkeiten sorgfältig eingepackt waren: Futter, Bürste, Shampoo, Decke, Kissen, Impfpaß.

Hätten wir wissen müssen, dass es wirklich nur noch die Sorge um den Hund war, die Frau B. am Leben gehalten hatte? Hätten wir oder irgendjemand sonst ihr helfen können? Wir haben bis heute keine Antworten gefunden. Wir können nur hoffen, dass diese kranke Seele nun endlich ihren Frieden gefunden hat. Und noch eins können wir: gut für die kleine Buffy sorgen, so wie wir es versprochen haben. □

## Les Misérables

Ohne Licht und mit abgestelltem Motor rolle ich im Morgengrauen in die Einfahrt des Guntersdorfer Hundeasyls, der Kies knirscht unter dem schweren Wagen, ein Transporter, der mir nicht gehört. Die paar Wachsamen unter den Hunden begrüßen mich am Tor, überrascht, ich bin lange fort gewesen. Leise gehe ich ins Haus, sinke auf die Couch im Wohnzimmer und ziehe mir eine Decke über den Kopf. Ich will nur noch schlafen und nicht darüber nachdenken müssen, was denn werden soll aus diesen Hunden draußen im Auto, die ich in ein paar Stunden werde ins Haus holen müssen. Erschöpft tauche ich in tiefen Schlaf ab, wir werden sehen....

Wenige Wochen zuvor hatte Erika Heilmann, Aktivistin für „Alles Mögliche in Not", aus ihrem Feriendomizil in Südwestfrankreich angerufen, ziemlich aufgelöst: Eine alte Frau dort hatte bei ihrem Tod 15 alte Hunde auf ihrem Anwesen zurückgelassen, das früher einmal eine Hundepension gewesen war. Die letzten zwei Jahre, in denen die alte Dame krank und bettlägrig gewesen war, hatte sich ihr Lebensgefährte mehr schlecht als recht um das Rudel gekümmert: er hatte sie alle in einem Verschlag auf ein paar Quadratmetern zusammengepfercht.

Die Erben der alten Frau, Sohn und Tochter, mussten das Haus verkaufen, um die Erbschaftsteuer zahlen zu können. Die Hunde sollten also das Anwesen räumen. Nur zwei der vierbeinigen Senioren hatte man im Bekanntenkreis unterbringen können. Der örtliche Tierschutzverein würde die restlichen 13 zwar annehmen, machte aber klar, dass man sie einschläfern lassen würde, falls sie nicht zeitnah vermittelt werden könnten: ihre Chancen waren gleich null. Der Tierarzt stieß ins selbe Horn: Das beste sei wohl, man würde sie gar nicht erst ins Tierheim bringen, sondern gleich an Ort und Stelle töten; er könne ja vorbeikommen....

Als Erika Heilmann die 13 alten Knacker in ihrem Verschlag sah, war ihr klar, dass sie das nicht zulassen würde. Angesichts des Elends fiel ihr ein Romantitel Victor Hugos ein, eines anderen alten Franzosen: „Les Misérables".

Vier der Senioren, wie sie telephonisch mitteilte, könne sie gleich auf der Rückfahrt mitnehmen, einen davon würde sie selber behalten, drei kämen zu uns - blieben immer noch neun. Kurzerhand nahm sie mir am Telefon das Versprechen ab, mit ihr nochmal hinzufahren, um den Rest des Rudels dort wegzuholen. Ich bat sie, schon mal Fotos mitzubringen, damit wir inzwischen via Presse und Internet wenigstens Pflegeplätze suchen könnten.

Drei Wochen später zogen wir also los, Erika und ich, mit Ziel Aquitanien, dem entlegensten Winkel Frankreichs - von hier aus gesehen jedenfalls. Wir reisten recht komfortabel in dem Heilmann'schen *Mercedes Sprinter*, der für den Transport von Hunden optimal eingerichtet ist. Obgleich wir flott fuhren und nicht trödelten, würden wir hin und zurück drei volle Tage unterwegs sein, 3.200 Kilometer insgesamt. Erikas Angebot, einen Kurzurlaub in ihrem Landhaus dranzuhängen, musste ich ausschlagen: Mein Gewissen plagt mich jedesmal schrecklich, wenn ich meine Hunde vernachlässigen muß und meine Schwester Lynn allein die ganze Arbeit am Hals hat.

Als wir zu dem verwaisten Anwesen kamen, das seit dem Tod der alten Dame nur noch von ihrem vierbeinigen Nachlaß bewohnt wurde, musste ich zugeben, dass Erika nicht übertrieben hatte: Les Misérables waren ein armseliges Häufchen, ratlos, was denn nun aus ihnen werden sollte. Der Sohn der Verstorbenen, der uns beim Verladen der Hunde half, holte aus dem alten Fundus der Hundepension noch für jeden ein neues Halsband, damit sie nicht mit ihren alten, schäbigen auf die Reise gehen müssten. Er schien ein bisschen wehmütig zu sein, das ganze Rudel einem ungewissen Schicksal überantworten zu müssen. Schließlich hatte er nichts als unser Versprechen, gut für die alten Racker zu sorgen.

Am Morgen des dritten Tages machten wir uns auf den 1.600 Kilometer weiten Rückweg, *non-stop* bis Guntersdorf. Die Fahrgäste benahmen sich vorbildlich, lediglich der alte Buck setzte uns ganz schön zu, und zwar immer dann, wenn er hecheln musste. Seine restlichen Zahnruinen waren bereits in Fäulnis übergegangen, es stank höllisch. „The smell of hell", hat Erika es genannt.

Und da waren wir nun. Die Neuankömmlinge brachten den Dampf-kessel Guntersdorf ordentlich zum Sieden, das Überdruckventil vibrierte drohend. Ein geschlossenes Rudel dieser Größe aufzunehmen, konnte die seinerzeit 13köpfige Hausmeute wirklich nur mit Mühe verkraften. Chaos zog am Horizont herauf. Schon das Austeilen der Futterschüsseln war eine logistische Meisterleistung, zweimal täglich.

Als erstes galt es also jetzt, die auf unsere Presse- und Internet-kampagne hin eingegangenen Anrufe auf brauchbare Pflegeplätze hin zu durchforsten. Das Ergebnis allerdings war ernüchternd: Gerade mal zwei Hunde konnten wir in den ersten Tagen auslagern, und das auch nur vorübergehend.

In diesen Tagen konnten wir die Tierklinik wieder einmal einem Härte-test unterziehen: Mit einer ganzen Busladung voller Hunde - Blutabnahme, Zähne richten, Ohren sanieren, Röntgenaufnahmen machen, Herzunter-suchungen vornehmen etc - haben wir zwei Tierärzte und drei Helferinnen mal eben kurz ins Schwitzen gebracht. An dieser Stelle der Erzählung werden wir oft gefragt, wie wir das denn finanziell verkraftet hätten. Nun, die Heilmanns haben nicht nur die gesamten Transportkosten übernommen, sondern auch die weitere Versorgung mittels einer kräftigen Spende sicher-gestellt.

Irgendwann und irgendwie haben wir schließlich die Kontrolle über die Hundemeute zurückerlangt, und im Laufe der folgenden Wochen gelang es uns auch, weitere Pflegeplätze aufzutun. Das Leben in Guntersdorf ging allmählich wieder seinen gewohnten Gang.

Ein halbes Jahr nach dieser Aktion, die uns alle einer Zerreißprobe unterzogen hat, können wir folgende Bestandsaufnahme erstellen: Von den 13 nach Deutschland verbrachten Hunden sind zwei bei den Heilmanns geblieben, einer ist bald gestorben, drei konnten vermittelt werden, vier sind auf Dauerpflegeplätzen untergebracht, die restlichen drei sind bei uns und werden es wohl auch bleiben. Aber statt hier mit Zahlen um mich zu werfen, sollte ich vielleicht die Damen und Herren Franzosen mal persönlich vorstellen.

Peppino, ein kleiner schwarzer Mischling. Er hatte eine große Beule aus Knochenkrebs mitten auf der Stirn. Jeannette, unsere Katzentante, hat ihn aufgenommen und die wenigen Wochen, die ihm noch blieben, betreut, von denen er aber jeden Tag genossen hat.

Prosciutto, ein Collierüde, der wegen seines verfilzten Fells eine Ganzkörperschur bekommen musste, darf jetzt Hahn im Korb bei den Heilmann'schen Windhunddamen sein: großes Glück auf die alten Tage.

Flic, ein kleiner schwarzer Mischling, hat ebenfalls Knochenkrebs, derzeit ist er noch wohlauf und er hat noch eine schöne Zeit bei Heilmanns.

Junior ist ein richtiger Familien-Schäferhund geworden. Trotz kaputter Hüftgelenke liebt er seine täglichen Spaziergänge und vor allem sein Frauchen.

Mango, ein kleiner Schäfermix mit der Manie, an allen Gegenständen, die sein getrübtes Auge noch ausmachen konnte, sein Bein zu heben, lebt bei Angelika W. und ihren Söhnen. Mango liebt seine Familie und hat auch sein Problem in den Griff bekommen.

Die hübsche kleine Fiffie wurde von Roswitha Schmidt adoptiert, die ein großes Herz für alte Hunde hat.

Chispa, ein Schäfermix, hat ihre Delle am Kopf nicht nur äußerlich, sie ist überhaupt ein bisschen verrückt, schnappt auch mal, ist sonst aber ganz lieb. In ihrer Pflegefamilie B. liebt man sie so, wie sie ist.

Rocky, der Kurzhaardackel, den wir ob seines schlohweißen Gesichts den „Weißkopfadler" genannt haben, ist bei seiner Pflegefamilie noch mal so richtig aufgeblüht. Zusammen mit seiner neuen Freundin Hexie verteidigt er sein neues Zuhause gegen jedweden Eindringling.

Goodie, der Ausbrecherkönig, hat sich auf seinem Pflegeplatz derart danebenbenommen, dass man ihn uns wohl oder übel zurückbringen musste: Den einen Tag hat er in Angelikas Abwesenheit die Haustür geöffnet, um sie landauf, landab zu suchen. Beim nächsten Mal ist er im Auto aus dem Halsband geschlüpft, hat das Trenngitter zerrissen, die Autotür geöffnet - nicht ohne vorher die Innenverkleidung der Tür abzumontieren -, und schon konnte er Angelika wieder landauf, landab suchen gehen. Nächster Versuch in einer Transportbox, stabil genug, dass man darin Hunde im Flugzeug transportieren kann: Goodie hat ein Loch in die Hartplastikbox gebissen, dass er schon den Kopf durchstrecken konnte.

Dann kam er also zurück nach Guntersdorf. In der ersten Nacht büchste er aus, um Angelika zu suchen; die Polizei brachte ihn anderntags zurück. Goodie ist sehr anhänglich und ebenso pfiffig; er bleibt entweder freiwillig oder gar nicht. Zäune, Türen, Gitter sind für ihn kein Hindernis, wenn er frisch verliebt ist. Zwischenzeitlich hat er sich aber gut bei uns eingelebt, er bleibt freiwillig. Goodie wird auch „Der Heiratsschwindler" genannt. Er macht jeder Frau, die zu uns kommt und nur ein klein bisschen nett zu ihm ist, einen Heiratsantrag und möchte gleich mit zu ihr gehen. Seit Goodie wieder bei uns ist, haben wir eine Kindersicherung an der Kühlschranktür, die kann er nämlich auch aufmachen: gemeinsam hatte die Meute jedes Mal den Kühlschrank leergefressen.

Loocky, der hübscheste von allen mit seinen beigen Locken und den großen, dunklen Augen, fand ganz schnell ein neues Zuhause ganz in unserer Nähe.

Rita, irgendeine schwarze Mischung in Labradorgröße, wird „Die Gestrenge" genannt. Sie beobachtet alles und jeden mit dem Gesicht einer grantigen, alten Hausmeisterin - einer von der Sorte, die den ganzen Tag auf der Lauer liegen, ob nicht vielleicht einer der Mieter mit Damenbesuch nach oben zu schleichen versucht. Beharrlich stellt Rita den Mäusen nach und überwacht sachkundig und mit Ausdauer meine Arbeit im Büro. Strategisch klug hat sie sich in meinem Zimmer ein Körbchen gewählt, von dem aus sie auch nachts noch alles gut unter Kontrolle hat.

Rouqine, ein Zwergspitzmädchen in Orange, war zuerst auf einem Pflegeplatz, wo man aber ihrem unbändigen Hunger nicht widerstehen konnte. Als kleine, kurzatmige Kugel kam sie nach Guntersdorf zurück. Hier hat sie schnell wieder abgespeckt, weil sie den lieben langen Tag hinter mir her stiefelt - extreme Anhänglichkeit steht schon in der Rassebeschreibung der „Pommeranerspitze". Rouquine hat den Mut einer Löwin. Knurrend - nein, eigentlich mehr knatternd - und schnappend verteidigt sie mich und ihr Futter auch schon mal gegen eine 70 Kilo-Dogge.

Und nun kommt die Krönung dieses Sammelsuriums gestrandeter Existenzen: Der alte Buck. Das Wort „hässlich" beschreibt nicht einmal im Ansatz diese Erscheinung caniden Urgesteins. Eine Mischung völlig undefinierbarer Komponenten: Färbung, Statur und Gangwerk erinnern am ehesten an eine Hyäne. Unter jedem seiner triefenden Augen hat er eine üble Warze. Die Zähne sind auch nach der Sanierung ein wildes Durcheinander brauner Ruinen mit immer wieder aufflackernden, übel riechenden Zahnfleischentzündungen. Auch das Herz macht schon ein bisschen Ärger. Oft wenn er Häufchen machen musste, wollte das Timing nicht mehr so recht klappen - das meiste verlor er schon im Haus auf dem Weg nach draußen. Dabei hatte der alte Buck eine herzerwärmende Art, sich seines Lebens zu freuen. Mit heiserem Freudengebell umkreiste er uns, wenn wir heim kamen oder mit ihm durch den Garten gingen, watschelnd, immer wieder mal strauchelnd und sich wieder aufrappelnd, bellend und lachend. Es war einfach schön, mit anzusehen, wie dieser Bursche am Abend müde und glücklich neben meinem Bett auf sein Kissen sank und in einen tiefen, zufriedenen Schlaf fiel.

So glücklich der alte Knacker bei uns auch war, es sollte noch toller kommen für ihn: Heidi G. kam mit Tochter und Schwiegersohn viele hundert Kilometer angereist unter dem Vorwand, die „Tierfreunde Niederbayern" zum „Tag der offenen Tür" besuchen zu wollen. In Wirklichkeit kam sie nicht ohne Hintergedanken, hatte sie sich doch via Internet unsterblich in das Bild unseres alten Buck verliebt. Am Ende dieses schönen Festes fragte sie uns, ob sie ihn mitnehmen dürfe. Wir willigten ein, schweren Herzens, weil wir wussten, dass wir ihn bitterlich vermissen würden.

Aber Heidi G's Briefe lassen keinen Zweifel zu: Der alte Herr hat es nicht schlecht getroffen. Sie schreibt: Eines abends, als sie nach Hause kam, machte Buck ungelenke, ruckartige Bewegungen; sie befürchtete schon, er hätte einen epileptischen Anfall, stellte dann aber fest, dass er recht ungeübt versuchte, einen Ball aufzuheben - dies war das erste in einer langen Reihe von Ballspielen, die Heidi G. und Buck zusammen noch spielen sollten. Einmal in der Woche wird gebürstet, schreibt sie. Das mag Bugsy - so nennt sie ihn - gerne. „Da ist es schon passiert, dass er auf der Seite liegend eingeschlafen war. Als ich fertig war, blieb er so in der Sonne liegen.... und schlief weiter."

Er hat Wasser in der Lunge, meinte der Tierarzt, aber das ficht ihn nicht die Bohne an, den alten Buck, solange er mit Frauchen abends auf dem Sofa kuscheln darf.

Happy End für „Les Misérables": Sie alle sind gut untergekommen. Keiner von ihnen musste auch nur einen einzigen weiteren Tag im Zwinger verbringen. Und was, so frage ich Sie, sind schon 3.200 Kilometer Fahrt und das bisschen Streß gegen so viele zufriedene, alte Hunde. □

# Pollo

Er ist so mächtig – und doch so hilflos gegen seine Krankheit. Die Deutsche Dogge Pollo: Verantwortungslos überzüchtet, viel zu groß, riesiger Schädel mit hängenden Augenlidern und chronischer Bindehautentzündung – und er hat auch noch einen genetischen Defekt, vergleichbar der „multiplen Sklerose" beim Menschen. Durch einen Nervenschaden kommt es zum Muskelschwund: er kann die Bewegung seiner Beine nicht so recht kontrollieren; wenn er sich bewegt, erinnert er an eine Marionette.

Trotzdem ist er so freundlich und vor allem fröhlich, wie ein Hund mit zwei Jahren nur sein kann. Er freut sich über jedes kleinste bisschen Zuwendung, liebt es geknuddelt zu werden, robbt sich heran, wenn man sich zu ihm setzt. Schnell hat er bei uns gelernt, auf dicken Kissen und sogar auf dem Sofa zu sitzen - schließlich sind wir bekannt als „5-Sterne-Tierheim": Rudelhaltung auf einem alten Bauernhof mit viel Platz draußen und jeder Menge Sofas drinnen.

Für den großen Grautigerrüden Pollo heißt das: Streicheleinheiten, gutes Futter, kuscheliges Bettchen und Salbe für die entzündeten, schmerzenden Augen - dergleichen Fürsorge kannte er bisher nicht. Als er sein erstes Wiener Würstchen bekam, war er glatt überwältigt. „Boah! Is ja irre!! Gibt's davon noch mehr??" Fünfmal täglich Salbe in beide Augen? Kein Problem, wenn man in der einen Hand die Tube und in der anderen schon die Wiener Wurst bereithält. Für diesen „erstklassigen Stoff" aus dem Kühlschrank würde der Bursche alles tun.

Als der Züchter, der ihn ursprünglich selber behalten wollte, bemerkte, dass Pollo offenkundig krank war, hatte er für ihn keine Verwendung mehr, er beschloß daher, ihn einschläfern zu lassen. Jemand bot an, ihn zu nehmen - für geschenkt -, als Wachhund würde er schon noch taugen. Als aber die Krankheit fortschritt, wollten auch diese Leute ihn nicht mehr haben; mehr als in ein Blutbild und ein paar Cortisontabletten wollte man nicht investieren. So brachten sie ihn also zu den „Tierfreunden Niederbayern".

Hier versuchen wir, ihn trotz seiner Behinderung ein Hundeleben führen zu lassen, so gut es eben geht. Er tapst mit zum Tor, wenn eine von uns weggeht, und holt uns - zusammen mit der gesamten Hausmeute - ebenda wieder ab, wenn wir heimkommen. Er bellt mit den anderen, wenn irgendwas nicht ganz geheuer erscheint. Er rutscht ungeduldig hin und her, wenn's gleich Essen gibt; seine Schüssel allerdings kann er nur im Liegen leeren, er kann nicht so lange stehen, wie er bei seiner Größe essen muß.

Oft darf er auch mit im Auto sitzen, wenn eine von uns einkaufen fährt. Wenn's klingelt und die Meute brüllend zum Hoftor stiebt, muß Pollo natürlich auch mit. „BESUCHERALARM!!!" Da wird gequietscht, gebellt, gedrängelt, an der Engstelle durch die Haustür gestoßen und gerempelt, dann rum ums Haus, lautstarke Empörung, 20 Meter Spurt in Höchstgeschwindigkeit Richtung Eindringling am Tor, dass einem die Kieselsteine nur so um die Ohren pfeifen. Und Pollo müht sich hinterher; klar die Meute hängt ihn ab, die anderen strecken längst ihre Nasen durch den Zaun, bis er es gerade mal vom Sofa runter und auf den Hausgang geschafft hat. Dass er

viel zu langsam ist, versucht er indes dadurch wettzumachen, dass er dabei ein möglichst grimmiges Gesicht macht. Sollte je ein Dieb, ein Mörder oder auch nur der Kaminkehrer es schaffen, die röhrende Meute am Tor niederzuringen, spätestens an der Haustür würde jeder Angreifer durch diesen zu allem entschlossenen Blick aus Pollos blutunterlaufenen Hängelideraugen gestoppt.

Wenn die anderen Hunde, vor allem kleinere – Vroni, die Bracke, Lukas, der Border, Berti, der Terrier – draußen Rambazamba machen, geht Pollo manchmal mit raus, schaut ihnen zu, wie sie wie die Irren toben, rennen, Löcher buddeln. Oft bückt er sich dann, hebt mühsam ein Spielzeug oder Stöckchen auf, tapst auf seinen dürren Beinen hinter den Kleinen her. Wenn er dann mit dem großen Kopf wackelt, das Stöckchen von einer Seite zur anderen schwenkt, so ist das schon die allerwildeste und ausgelassenste Form seines Spiels. Wenn er sich aber hinlegen muß, ein wenig verschnaufen, laufen ihm die Kleinen davon – er bleibt zurück, die riesigen Lefzen hängen lang und traurig zu beiden Seiten des Stöckchens herab.

Gründliche Tests in der Uniklinik haben ergeben, dass Pollos Krankheit unheilbar ist: fortschreitende „hochgradige axonale Neuropathie", was heißt, die Nerven sterben ab, Muskelschwund, doggentypisch. Die Neurologin, deren Herz dieser freundliche, tapsige und immer so bemühte Riesenhund natürlich mit einem Klacks erobert hatte, empfiehlt Beschäftigung, mäßige Bewegung, Massagen, um den Krankheitsverlauf ein wenig zu verlangsamen.

Auf meine Frage „Wie lange wird es denn noch gehen? Was meinen Sie? Ein Jahr - oder mehr?" meinte sie, ein Jahr wäre eine zu optimistische Prognose. Wahrscheinlich weniger. Welch ein Jammer um diesen wundervollen Hund!

Aber egal, wie lange es dauert, zwei Dinge sind gewiß: In der verbleibenden Zeit wird er es gut haben bei uns auf dem Gnadenhof. Und es dürfen in dieser Zeit auf keinen Fall die Wiener Würstchen ausgehen. ☐

## Akita

Wie wohl alle Wesen freuen wir uns über gute Nachrichten. Wenn sich zum Beispiel die neuen Frauchen und Herrchen unserer ehemaligen Schützlinge melden, und seien es nur zwei Zeilen: „’XY’ geht’s gut" oder „’XY’ macht sich prima", „’XY’ ist ein klasse Hund", „Es ist, als ob ’XY’ immer bei uns gewesen wäre". Dann wissen wir nicht nur, dass wir für „XY" die richtigen Leute ausgesucht haben, sondern auch, dass ein wesentlicher Tierschutzgedanke wieder einmal auf fruchtbaren Boden gefallen ist: Leute, schaut doch erst mal in den Tierheimen, bevor ihr zum Züchter geht, um einen Welpen zu kaufen.

Auch das Ehepaar F. hat uns - zusammen mit einer Spende - einen Weihnachtsgruß geschickt: „Ein Glücksgriff für beide Seiten! Akita hat sich wunderbar bei uns eingelebt..."

Akita: ein gelbes Doggenmädchen, 18 Monate alt, lieb, freundlich, nicht zu groß, von athletischer Statur und vor allem WUNDERSCHÖN. Aber wie, so wird sich der aufmerksame Leser jetzt fragen, wie um alles in der Welt landet so ein Hund im Tierheim!? Das kam so:

Familie W. meldete sich bei uns, weil die Besitzerin mit Akita nicht mehr zurecht kam. Die Hündin war ungestüm, flegelhaft und - der Jäger hatte schon dunkle Drohungen ausgestoßen - lief bei jeder sich bietenden Gelegenheit für Stunden weg, kurz: sie hatte keinerlei Bindung zu ihrem Frauchen aufgebaut, obwohl man sie als Hundekind bei einem Züchter gekauft hatte.

Und jetzt kam es: Die Besitzerin der Hündin war die 81jährige Oma der Familie. Ich: „Wie? Sie haben die Hündin gekauft und sie aus Zeitmangel der Oma auf's Auge gedrückt?" Herr W.: „Nein, wir haben sie für die Oma gekauft. Die wollte unbedingt wieder eine Dogge haben."

So kam sie also zu uns, die Akita, psychisch etwas derangiert und ziemlich überdreht, war aber - wen wundert's? - nach nicht mal drei Tagen in unserem Hausrudel ein völlig normaler Hund.

Wegen einer Operation an Akitas Beinen, die seinerzeit noch von dem Züchter veranlasst worden war, nahm ich mit diesem Kontakt auf, um Näheres darüber zu erfahren. Wenn der erfährt, dass Familie W. die Hündin nicht für sich, sondern für die alte Dame gekauft hatte, wird er wohl entrüstet sein, am Ende die Hündin vielleicht gar zurückverlangen, so dachte ich bei mir.

Aber weit gefehlt! Nein, nein, er hatte schon gewusst, dass die damals 80jährige Oma Akita übernahm. Warum auch nicht? Er wollte noch wissen, ob es Probleme gebe, schließlich hatte er den Leuten wegen des kleinen Schönheitsfehlers nach der Operation einen Preisnachlaß gewährt. Er hatte für die Hündin statt der üblichen 1.400 Euro nur 1.000 verlangt.

Soviel zur immerwährenden Diskussion zwischen Tierschützern und Hundezüchtern, welch letztere uns gerne als selbstgerechte, sauertöpfischweltfremde und nörglerische Besserwisser anprangern. □

# Mister Big

Lynn, meine Schwester, hatte Besuch. In der Küche war der Kaffeetisch hübsch gedeckt, natürlich stand auch Kuchen drauf. Ein Teil des Hausrudels hielt sich - möglichst unauffällig - in der Nähe des Tisches auf.

Mister Big, ein gefleckter Doggenrüde, der seinen Namen nicht zufällig hat, wollte pfiffiger sein als die anderen, stieg kurzerhand auf die Küchenbank, um sich dort niederzulassen - was prinzipiell möglich ist, aber nicht, wenn wir Besuch haben.

Lynn: „Mister Big, komm da runter!" Mister Big: „...?" Sie: „Mister Big, komm sofort da runter!" Er: „...???" Sie: „Sapperlott, mach, dass du runterkommst!" Er, jetzt recht dreist: „Ich denk' ja gar nicht dran!" Lynns gefürchtet strenger Blick prallt an ihm ab. Sie also rum um den Tisch, streckt die Hand nach seinem Halsband aus. Just in dem Moment lassen ihn seine Nerven im Stich. Jetzt aber nix wie weg hier!

Der schnellste Weg runter von der Bank und raus aus der Küche führte Mr.Big allerdings quer über den hübsch gedeckten Kaffeetisch... □

# Johnny

Nur einmal kurz nicht aufgepaßt - schwupps ist es passiert, und zwei Monate später krabbelte und fiepste es in der Wurfkiste. Die Labradordame eines Bekannten hatte sich, ganz standesgemäß, von einem Jagdhund aus der Nachbarschaft ins Gebüsch zerren lassen. Zwei von den sechs kleinen Knöpfen konnte der Bekannte selber unterbringen, die restlichen vier sollten von den „Tierfreunden Guntersdorf" vermittelt werden.

Kein Problem!, wird der Leser denken, so putzige kleine Racker sollten doch weggehen wie die warmen Semmeln. Nun - ja und nein. Stimmt schon, dass jeder der Kleinen recht schnell einen neuen Wirkungskreis fand. Wir hatten wirklich versucht, die Interessenten sorgfältig auszuwählen und den Leuten vor allem klarzumachen, worauf sie sich da einließen. „Jagdhunde brauchen ERZIEHUNG und BESCHÄFTIGUNG", haben wir gebetsmühlenhaft wiederholt, haben uns - oft zu zweit gleichzeitig auf zwei Leitungen - den Mund fusselig telefoniert, haben die Leute gewarnt, aufgeklärt, beraten.

Half alles nichts. Ziemlich genau ein Jahr, nachdem die neuen Besitzer strahlend mit den Kleinen abgezogen waren, kamen zwei dieser nun gar nicht mehr so Kleinen in unsere Obhut zurück. Warum? Nun, Candy, das

Mädchen, konnte die Finger - pardon: Zähne - nicht von Nachbars Hühnern lassen. Und ihr Bruder Johnny war total verlottert. Er war unsicher im Umgang mit Menschen und Hunden, beherrschte nicht einmal einfache Kommandos; bei ihm war einfach alles versäumt worden. Und wir hatten unsere liebe Not mit diesem Feger, er brachte von früh bis spät Sand ins Getriebe. Er hätte ein Vielfaches an Aufwand und vor allem Zeit gebraucht, als wir übrig hatten. Und es war nicht einfach, ihn noch einmal zu vermitteln, nicht zuletzt deshalb, weil er, wenn sich denn jemand näher für ihn interessierte, launisch und bockig wurde. Hinzu kam, dass er die Leute aus seinen etwas engstehenden Augen ziemlich verdreht anschaute. Eine junge Frau hat ihn trotzdem mitgenommen. Sie hat mit Johnny und den besten Vorsätzen eine Hundeschule besucht – und nach nur zwei Wochen das Handtuch geschmissen.

Obwohl er ein hübscher, schlaksiger, kaffeebrauner Bursche war, wartete er bei uns monatelang auf seine dritte Chance. Dann bog eines sonnigen Nachmittags auch für diesen Topf der passende Deckel um die Ecke. Ein junges Paar mit Tochter, einem Mädchen von vielleicht zehn Jahren. Dieses Mädchen sah Johnny, ein Lächeln huschte über ihr Gesicht; schweigend nahm sie ihn an die Leine und ging mit ihm in den Schatten unseres großen Nußbaums. Sie stellte sich vor ihn hin, sah ihn lange ernst an, hob den Finger und sagte „Sitz!" Nun - was soll ich sagen? Er tat es. Und fast schien auch ein Lächeln über sein Gesicht zu huschen. Johnny hatte nur noch Augen für das Mädchen. Die Familie nahm Johnny mit und wir haben nie wieder Klagen über ihn gehört. □

# Ashanti und Nemo

Es gibt Leute, die jammern lautstark, weil unser Tierheim so weit draußen liegt. Eine halbe Stunde von Landshut, das geht ja noch; aber eineinhalb Stunden von München, nein, das ist manchem entschieden zu weit. Kein Problem: wem das auf der Suche nach einem Hund zuviel der Mühe ist, der würde von uns sowieso keinen kriegen. Aber es gibt auch Leute, die aus ganz anderem Holz geschnitzt sind. Hier einige Beispiele:

Familie W. aus Münster hatte ein Doggenpärchen gehabt, von dem der 10jährige Rüde kürzlich gestorben war. Die Hündin, eine 3jährige, trauerte schrecklich um ihren Gefährten. Familie W. suchte händeringend einen Seelentröster für ihre Ashanti, die nicht mehr essen, nicht mehr rausgehen und überhaupt gar nichts mehr wollte. Sie entdeckten - das Internet ist ein wahrer Segen in Situationen wie diesen - den Nemo auf unserer Homepage: Dogge, gefleckt, langbeinig und fröhliche neun Monate alt.

Da die W's mit der Tierheimleiterin in Münster seit langem gut bekannt sind, waren die Formalitäten bald erledigt. Mit der Begründung, sie hätten Angst um die Gesundheit ihrer Hündin, verlegten sie den fürs folgende Wochenende angesagten Besuch bei uns um zwei Tage vor, Herr W. hatte extra noch schnell Urlaub genommen. In Wirklichkeit hatten sie wohl Befürchtungen, dass ihnen irgendjemand diesen prächtigen Burschen in letzter Sekunde noch vor der Nase wegschnappen könnte. Donnerstag früh um 8 Uhr standen sie - übernächtig und hohläugig, aber glücklich lächelnd - vor unserer Tür. Sie hatten die 725 km-Fahrt Münster-Guntersdorf um Mitternacht angetreten und versucht, vorher noch ein paar Stunden zu schlafen. Daraus war aber nichts geworden, vor Aufregung hatten sie kein Auge zugekriegt. Zum Abschied dankten sie uns herzlich, fielen uns um den Hals und machten sich mit Nemo auf den Rückweg. Acht Stunden später riefen sie an: Alles glatt gelaufen, gut angekommen. Auf die Frage, ob denn Ashanti mit ihrer Wahl zufrieden sei: Na und ob! Ashanti lacht wieder. Sie dreht mit Nemo schon die fünfundzwanzigste Runde durch den Garten.

Ob uns jemand abholt?

Oder Dodo und Silvio aus der Schweiz. Sie interessierten sich für unsere englische Bulldoge, die grantige Gunilla, die jetzt in Zürich lebt. Savannah lebt in Dortmund, Timber in Kiel, Zora bei Stuttgart, Danka in Kassel, Enrique in Mönchengladbach, Lara in Wien; Seka ging nach Dresden, Nando nach Radevormwald, Hektor nach Bochum, Tiger nach Iserlohn, Mr.Big nach Frankfurt, Buck nach Zweibrücken, Harry nach Brüssel und Luka ins Elsass. □

54

# Ronja

Weil sie im Wald gefunden wurde, angebunden an einen Baum, haben wir sie Ronja Räubertochter genannt. Wir waren uns einig: Nie haben wir einen Hund in elenderem Zustand gesehen. Ein Skelett mit Fell überzogen, vom Hunger aufgetriebener Wasserbauch, eitrige Liegebeulen und aufgeplatzte Pfotenballen. Die Krallen waren so lang, dass sich einige Zehen nach außen drehten und für immer verkrüppelt waren. Wenn Ronja austreten wollte, brauchte sie Hilfe. Man musste ihr den schweren Hungerbauch, der die Blase überdehnt und nach unten gezogen hat, hochdrücken, damit sie sich überhaupt entleeren konnte.

Aber was eine echte Räubertochter ist – sie ließ sich nicht unterkriegen. „Hauptsache überlebt", schien ihr Motto zu sein. Sie war, ungeachtet ihrer schlechten Erfahrungen, mit allen Menschen freundlich und aufgeschlossen und vor allem ungeheuer neugierig. Sie hat sich sofort und unangefochten an die Spitze unseres Rudels gesetzt. Den ganzen Tag war sie guter Dinge. Trotz ihrer kranken Pfoten war sie stets die erste am Zaun, wenn es galt, das Grundstück zu verteidigen oder Besucher zu begrüßen, je nachdem. □

# Annie

Als ich die Wohnung in einem Düsseldorfer „Glasscherbenviertel" betrat, saß sie vor mir: eine Harlekindogge, fast unwirklich schön, makellos und ebenmäßig wie eine Statue. Sie saß da und knurrte mich an. Und dann kam der ganz große Knaller....

Aber vielleicht sollte ich die Geschichte doch lieber von Anfang an erzählen. Also: Familie T. in Düsseldorf, die eine psychisch offenbar völlig zerrüttete Dogge namens Annie ihr eigen nannte, bat uns um Hilfe. Sie hatten sich mit diesem Hund allmählich in eine Situation gebracht, in der sie nicht mehr ein noch aus wussten. Die Dogge, ein 2jähriges Mädchen, war so ängstlich, dass man mit ihr kaum noch die Wohnung verlassen konnte. Vor Passanten versuchte sie zu fliehen, wobei sie manchesmal Frau T. samt Kinderwagen fast auf die Straße gerissen hätte. Herr T., der eigentliche Besitzer von Annie, schämte sich, mit ihr auf die Straße zu gehen, weil „die Leute schon gucken". Er ging mit ihr deshalb nur noch nachts aus der Wohnung. Offenbar war Annie ja nicht die einzige in dieser Familie, der Probleme hatte. Annie blieb auch nicht alleine. Einmal hatte sie, alleingelassen, die Glasfüllung der Wohnzimmertür zertrümmert und sich dabei auch noch verletzt. Zum Tierarzt musste man mit ihr kilometerweit zu Fuß gehen, sie stieg in kein Auto. Ganz abgesehen davon, dass die Leute gar kein Auto, ja nicht einmal einen Führerschein hatten. Da Herr T. arbeitslos war, war auch an einen Umzug in eine ruhigere Wohngegend oder an einen eigenen Garten nicht zu denken. Nach unzähligen Telefonaten und ebenso unzähligen Lösungsvorschlägen meinerseits, die angeblich alle nicht funktionierten, und nachdem die Katastrophenberichte überhand nahmen, war ich endlich weichgekocht: ich sagte zu, nach Düsseldorf zu fahren und die Dogge abzuholen. Das Ehepaar T. schien überglücklich.

Als ich dann also nach einer 630-Kilometer-Fahrt diese recht trostlose Wohnung in Düsseldorf betrat, saß Annie auf einem Handtuch in der Wohnzimmerecke - gleich hinter der zerschlagenen Glasscheibe - und knurrte mich verzweifelt an. Woher sollte sie auch wissen, dass man mich zu Hause „Doggenmama" nannte, und dass es für sie von hier aus wirklich nur noch bergauf gehen konnte?

Und dann kam also besagter Knaller: Herr T. wollte den Hund nun doch lieber behalten. Er habe in der vergangenen Nacht wegen der bevorstehenden Trennung von seinem Hund derart schlimme Bauchschmerzen bekommen, dass er es sich in letzter Minute anders überlegt hatte. Nein, sie wollten mir den Hund nicht geben, basta. Ich blieb ruhig, bat Frau T., mich anzurufen, falls sie es sich anders überlegten, und machte mich auf den 630-Kilometer-Rückweg. Meine alte Freundin Nadja Trassl, die mich auf dieser Fahrt begleitete, wunderte sich ein bisschen über meine Gelassenheit, eigentlich hatte sie, wenn schon nicht eine Hundeentführung, so doch wenigstens einen Wutausbruch erwartet. Den Kommentar meiner Schwester Lynn, als ich spät nachts ohne Annie nach Hause kam, erspare ich dem Leser. Ich sagte zu ihr nur: „Die werden wieder anrufen, weil sie mit dem Hund nicht klar kommen. Und dann hole ich Annie da raus."

Nach drei Monaten kam dieser Anruf und ich machte mich erneut auf den langen Weg nach Düsseldorf. Obwohl Annie sich schrecklich anstellte, als wir sie in mein Auto verfrachteten und sie ganz furchtbar Angst vor mir hatte - die Fahrt muß die Hölle für sie gewesen sein -, erwartete mich am nächsten Morgen in Guntersdorf eine große Überraschung: Wir nahmen Annie mit zum Spaziergang über die Felder, nach einem kurzen Test ließ ich sie von der Leine - und da legte sie los. Sie rannte in wilden Kreisen um uns herum, stürzte, überschlug sich, rannte weiter, bis sie schwer atmend und zitternd bei mir stehenblieb. Sie schien zu sagen: Hier ist es ja viel schöner als in dem ollen Düsseldorf! Ihr anschließendes Frühstück hat sie mit großem Appetit verdrückt.

Annie hat sich in den folgenden Monaten fein herausgemacht. Sie wurde zwar nicht besonders mutig aber einigermaßen stabil, und sie war - wie sollte es anders sein - ein sehr anhänglicher und lieber Hund, „zauberhaft", wie Doggen halt so sind. Und sie fand ein neues Zuhause, das beste, das ein Hund sich wünschen kann: Hans und Hortense, liebe Freunde von uns, wollten Annie zu sich nehmen. Annie hatte damit das ganz große Los gezogen.

Da gab es für mich keine Ausreden mehr: ganz gleich, wie sehr ich mich in den vergangenen Monaten in sie verliebt hatte, sie hatte das Recht auf diese Chance. An dem Tag, als ich sie wegbringen sollte, wachte ich morgens auf und hatte doch tatsächlich - Bauchschmerzen. □

# Milo

Über Kindheit und Jugend dieses schwarzen Schäferhund-Mischlings wissen wir – wie das bei den meisten der bei uns gestrandeten Existenzen der Fall ist – nichts. Aber als er zu uns kam, musste er eine lange Odyssee hinter sich gebracht haben, dieser alte Haudegen, denn elend hat er ausgesehen, damals. Das Fell zerfleddert, am linken Hinterlauf hinkend, das linke Ohr halb abgerissen und eitrig verkrustet. Mehrere Monate hat es gedauert, bis wir eine nette, junge Familie für ihn erwärmen konnten und sie ihn mitnahmen.

Wir dachten oft an Milo. Äußerlich zwar unscheinbar, hatte ihn doch das Leben zu dem gemacht, was er war. Er hatte viel erlebt, erduldet, aber auch verarbeitet, nichts brachte ihn so schnell aus der Ruhe, und er wusste genau, was er wollte. Eine reife Persönlichkeit, wie man sie nur bei älteren Hunden findet.

Dann wurde er ein halbes Jahr später ohne Angabe von Gründen zu uns zurückgebracht. Es hieß, der Vermieter werde „so komisch", ob es an Milo liege, wisse man nicht; man wolle keine Schwierigkeiten, er müsse eben weg, basta. Man hat uns einfach die Leine mit dem Hund in die Hand gedrückt. Kein Abschied, keine Erklärung. Weder für uns noch für Milo. Und der war fassungslos: den ganzen Tag stand er im Garten am Tor und bellte und jammerte, schaute angestrengt zwischen den Holzlatten des Tors durch und konnte nicht glauben, dass er sein neues Zuhause verloren hatte.

Zwei Tage später hat er dann begriffen, dass sie nicht zurückkommen würden und ist im Morgengrauen einfach abgehauen. Sofort leiteten wir eine große Suchaktion ein. Die Gegend wurde großflächig abgesucht, aber

Milo war wie vom Erdboden verschluckt. Erst spät abends wurde Milo etwa 12 Kilometer von uns entfernt, völlig erschöpft, in einem Waldstück gefunden. Das Unglaubliche daran: Es waren 12 Kilometer Luftlinie in exakt der Richtung, in der seine ehemalige Familie wohnte. Man hat diese Geschichten von Hunden immer nur gehört – sie zu erleben, macht einen einfach sprachlos.

Fortan wurde Milo einer Sonder-behandlung unterzogen. Alle spra-chen mit Engelszungen auf ihn ein, unablässig wurde er in alles mitein-bezogen und gestreichelt, gestrei-chelt... Nach einer Woche hat er dann den Widerstand aufgegeben und uns, stellvertretend für alle Menschen, doch noch einmal eine Chance gegeben. Anhänglichkeit und Treue haben bei diesem Hund eine Dimension, die wir so noch nicht erlebt haben. Er stiefelt mit seinem Hinkebein und seinem schief zusammengewachsenen Ohr den lieben langen Tag hinter uns her, wie ein Schatten. Alle Versuche, für ihn eine neue Familie zu finden, schlugen fehl.

Scheinbar gibt es nicht viele Menschen, die diese Qualitäten bei einem Hund zu schätzen wissen. Längst hat Milo sich in unserem Haus-rudel und in unseren Herzen seinen festen Platz erobert; er braucht keine Angst zu haben, dass er nochmal sein Zuhause verliert. □

## Ilja Rogoff

Man hatte ihn – mehr tot als lebendig – im Winter in einem Straßengraben gefunden. Ein großer gelbgestromter Hund, der es offenbar gewohnt war, für sich selbst zu sorgen und zum Einzelgänger geworden war. Seine alten Knochen wollten nicht mehr, und Hunger und Kälte hatten ihm den Rest gegeben.

Als sich dann aber jemand um ihn kümmerte, hat er es doch noch einmal gepackt; er kam wieder auf die Beine und schließlich nach Gunters-dorf. Sein Gesicht war grau und alt, irgendwie sind uns dazu die berühmten Knoblauchpillen eingefallen. Also sollte er Ilja Rogoff heißen.

Anfangs suchte er sich seine Ruheplätzchen irgendwo draußen: hinterm Holzstoß, in der finstersten Ecke im Schuppen oder unter dem alten Traktor wähnte er sich in Sicherheit. Es dauerte einige Zeit und es war nicht einfach, diesen Sturschädel zu überzeugen, wo ein alter Hund wirklich hingehört: auf ein großes Kissen in der warmen Stube.

Schließlich hat er es doch kapiert und ging nur noch raus, wenn die Sonne schien. Nur mit seinem Speisenplan blieb er hartnäckig. Er liebte rohes Fleisch pur, Butterbrot und Marmorkuchen – und sonst nichts. Hatten wir anfangs noch, optimistisch wie wir nun mal sind, das Fleisch mit Flocken vermischt, mussten wir, damit er überhaupt etwas aß, das Fleisch mühsam wieder aus seinem Napf herausklauben und ihm von Hand eingeben. Also haben wir die Flocken weggelassen, so ging das Füttern wesentlich einfacher. Angesichts seines Klappergestells blieb uns nichts anderes übrig, als uns darauf einzulassen, ganz gegen unsere Überzeugung, wie Hundeernährung auszusehen hat.

Eigentlich war er's zufrieden. Aber das Schicksal hatte noch eine Überraschung für ihn bereit: Zwei Menschen, die nicht nur ein Herz für Tiere haben, sondern auch einen Blick für wirklich gute Typen, haben ihn bei sich aufgenommen. Als ich ihn dort hinbrachte, stand schon der Marmorkuchen bereit. Er hat seine neue Familie auf Trab gehalten und ihr mit seinem Dickschädel manchesmal ordentlich zugesetzt. Fünf glückliche Monate hatte er noch zu leben – einen wunderschönen Sommer lang, zusammen mit den zwei Hundemädchen Banja und Schlappi, die ihn umschwärmten, mit den vielen Katzen, die sich im Schlaf an ihn kuscheln durften, und mit Ela und Egid, die ihn bis zu seinem Tod umsorgt, verwöhnt und geliebt haben. □

# Tara

Wer immer ihren Weg kreuzte, hat sich in sie verliebt. Tara war ein ganz besonders feiner Hund. Dogge zwar, aber von ausgesprochen schlanker, fast zerbrechlicher Statur. Lange Beine, schmales Gesicht, Bewegungen eines Windhundes und vor allem sanft wie ein Reh.

Tara wartete geduldig, bis die Richtigen kamen

Ein Herr Möller auf Teneriffa hatte sie vor der Todesspritze gerettet und bei sich aufgenommen. Aber weil er noch neun andere Hunde hatte, war Tara bei ihm nicht wirklich glücklich. Schweren Herzens hatte er bei uns angefragt, ob wir sie zur Weitervermittlung aufnehmen würden. Wir müssten ihm aber versprechen, dass wir für sie den allerbesten Platz suchen würden. Solchen zu finden dürfte doch bei so einem wundervollen Tier nicht schwierig sein. War es aber doch!

Die erste Interessentin für Tara entpuppte sich als polizeibekannte Schwindlerin. Sie war nicht 25 Jahre alt und verheiratet, wie sie angab, sondern erst 17 und lebte in völlig zerrütteten und verworrenen Verhältnissen. Natürlich war das nichts für Tara. Die Interessenten kamen und gingen, aber es wollte einfach nicht klappen. Entweder wollten die Leute nicht oder Tara oder wir. Ein junger, recht gut situierter Arzt kam sogar mit seinem Jaguar zum Probesitzen: ob die langbeinige Tara in dem Flitzer überhaupt Platz hätte. Aber auch er machte einen Rückzieher, faselte irgendwas von „zuviel Verantwortung".

Nach Monaten wurden wir ratlos. Herr Möller rief immer wieder aus Teneriffa an. Fast schien er zu bereuen, dass er Tara weggegeben hatte. Nicht dass wir die Schöne nicht gerne bei uns gehabt hätten. Sie war ein ganz und gar zauberhafter und problemloser Hund, aber halt furchtbar unglücklich. Also mussten wir weiter suchen. Dann ein Anruf: Brigitte Correll aus München, die sich den Hund „aber wirklich nur ganz unverbindlich" anschauen wollte. Mit ihren vier Jahren sei Tara ja schon ein bisschen alt für einen großen Hund, und „auf keinen Fall" wolle sie den Hund gleich mitnehmen. Als die Frau und ihr Mann am Abend kamen, war uns klar, warum Tara bei uns so lange warten musste: es muß Bestimmung gewesen sein. Ich schwöre, ich habe kleine rote Comic-Herzchen in Taras Augen gesehen. In wenigen Minuten hatte sie die Besucher weichgekocht und es war klar, dass sie „auf keinen Fall" ohne den Hund hier weggehen würden.

Tara ist nun fast ein Jahr bei dieser Familie, und es ist einer von den ganz besonders guten Hundeplätzen. Tara schläft mit im großen Bett, fährt mit in Urlaub und läßt Frauchen überhaupt nie aus den Augen. Lange hat es gedauert, bis sie sich beim Spazierengehen wenigstens ein paar Meter von Frau Correll entfernt hat. Wir haben schon mehrmals Post von ihnen erhalten. Auch Herr Möller auf Teneriffa bekommt oft Post und Fotos und ist glücklich, dass diese Hündin das große Los gezogen hat. Aber ein bisschen traurig ist er auch, weil er sie nicht selber behalten konnte. Und vergessen, sagt er, werde er sie nie.

Tara war extrem wasserscheu. Sie trank nicht mal Wasser aus einem See oder Bach, plätscherndes Wasser machte sie einfach nervös. Im Oktober schrieb Frau Correll von Korsika, Tara schwimme im Meer mit ihr. Ja, Frau Correll, ich glaube, Tara würde den Atlantik überqueren, wenn Sie vorausschwimmen! ☐

# Kathi

Kathi wurde blind, und das war wohl ihr Glück. Ihr früherer Besitzer, bei dem sie an der Kette gehangen hatte, gab sie weg, weil sie blind zum Wachhund nicht mehr taugte. Eine Touristin hat sie aus dem Tierheim auf Mallorca mit nach Deutschland genommen und nach einigen Umwegen landete sie bei uns. Die Tierärzte meinten, Kathi habe nicht mehr lange zu leben. Ihre Nieren waren kaputt, eine Folge der Leishmaniose, einer in südlichen Ländern verbreiteten Blutparasitenerkrankung.

Kathi war schwach, mager, wollte nicht essen, nicht rausgehen, starrte mit trüben Augen verständnislos vor sich hin. Eine große Hütehündin, und doch nur ein Häuflein Elend. Aber irgendwie kamen ihre Lebensgeister zurück. Kathi hat sich erholt, hat dann auch noch eine langwierige Behandlung gegen die Leishmaniose überstanden.Die Augen wurden klarer, fast wieder normal. Kathi war ein stiller, unaufdringlicher Hund mit einer Fähigkeit zu lieben, wie man sie selbst bei Hunden nur selten findet. Nie brauchten wir beim Spazierengehen eine Leine, nie hat sie Schwierigkeiten gemacht, hat immer brav gewartet, bis sie an der Reihe war. Sie war dankbar für das kleinste bisschen Aufmerksamkeit und doch verständnisvoll, wenn man mal keine Zeit für sie hatte. Kathis Angst vor Fremden aber blieb. Bald war klar, dass sie bei uns bleiben würde, zumal sie auch wahrlich keine Schönheit war: es wollte sie sowieso keiner haben.

Ein Jahr, drei Monate und sieben Tage war sie uns eine liebe Gefährtin. Dann starb sie ganz plötzlich. Sie ging so still und unauffällig, wie sie gelebt hatte. Und nicht einmal unsere Trauer hatte sie für sich alleine, weil sie am selben Tag starb wie unser Tierheimchef Rambo. ☐

# Savannah

Die Gilde der Tierfreunde hierzulande ist recht gespalten, wenn es um die Frage des Auslandstierschutzes geht. Die einen sagen, es gibt doch in Deutschland schon genügend arme Tiere, was sollen wir jenseits der Grenzen auch noch helfen! Die anderen, zu denen - zugegeben - auch wir gehören, meinen: Unsere Gesellschaft gibt sich gern kosmopolitisch, isst italienisch, trinkt französisch, wohnt englisch, hat ein Ferienhaus in der Türkei, in Spanien oder Griechenland; die mediterranen Gefilde sind praktisch zu unserem Vorgarten geworden. Aber von dem Tierelend in ebendiesen Ländern möchte man doch bitteschön nicht behelligt werden! Nicht ganz fair, würde ich sagen.

Tierelend? Nehmen wir als Beispiel mal die spanischen Windhunde. Podencos und Galgos werden trainiert, Wild zu hetzen, zu töten und die Beute zu ihrem Herrn zu bringen. Damit sie das auch mit dem nötigen Eifer tun, werden sie ohne Nahrung und Wasser in Kellern oder sonstigen Verschlägen eingesperrt und – wenn sie richtig ausgehungert sind – losgelassen. Aber wie, wird sich der Leser fragen, bringt man die Hunde dazu, das erlegte Wild zu bringen, anstatt es an Ort und Stelle gleich aufzufressen? Nun, dieses Problem löst der findige spanische Jäger ganz einfach: Die Hunde haben gelernt, dass es ein Schälchen Wasser nur dann gibt, wenn man Beute abliefert. Und Durst ist schlimmer als Hunger, auf alle Fälle unter der sengenden Sonne Spaniens.

Wenn diese Hunde dann verbraucht sind, verletzt, kaputte Glieder haben, werden sie beseitigt. Das Wie dieser Beseitigung hängt dabei von der Mentalität des jeweiligen Hundebesitzers ab: ausgesetzt, in den Wäldern angebunden zum Verhungern, mit Benzin übergossen und angezündet oder an Bäumen aufgehängt. Es geht die Kunde, dass ein guter Jagdhund höher aufgehängt wird, um ihm die Gnade eines rascheren Todes zu gewähren – im Gegensatz zu denen, die nichts getaugt haben. So das Schicksal von Zehntausenden jährlich.

Aber einige wenige von ihnen haben Glück und landen statt am Baum in einem der spanischen Tierheime. Und wiederum nur einige wenige davon haben großes Glück und kommen aus diesen Tierheimen auch wieder raus. Hier die Geschichte einer Galga:

Savannah, ein feenhaftes Windhundmädchen in der Farbe des Wüstensandes, groß, von perfekter Statur, ätherisch schön. Ihr Verhältnis zu Menschen pure Sanftmut und unerschütterliche Herzlichkeit, was durchaus verwundert, wenn man bedenkt, wie sie von Menschen bisher behandelt wurde. Als sie zu uns kam, war Savannah übersät mit Verletzungen,

62

der Schwanz war aufgerissen, Fell und Fleisch drum herum abgefault und entzündet. Nur tägliche Wundversorgung, Verbände mit Spezialgaze über Wochen konnten die Amputation verhindern. Auch die Seele hatte tiefe Schrammen. Savannah lag viel herum und starrte Löcher in die Luft. Bis auf ein hartnäckiges Hinken aber hat sie sich gut erholt, rappelte sich auf zu einem fröhlichen Rudelmitglied für die Hunde und zu einer Augenweide für die Menschen.

Dann eines Tages der Anruf einer jungen Frau, die soeben Savannahs wunderschönes Bild im Internet gesehen hatte und – bittebitte – noch in derselben Stunde kommen wollte, diese Fee kennenzulernen. Meinen Einwand, Savannah müsse erst in die Klinik, um das Hinken abzuklären, wollte sie nicht gelten lassen: Daran solle es nicht liegen, alle ihre Hunde würden jederzeit erstklassig tierärztlich versorgt – sie würde also jetzt sofort losfahren. Kurze Zeit später betrat sie den Hof, sah Savannah, kniete nieder, Savannah lief zu ihr hin, ließ sich von Frau K. in die Arme nehmen. Tränen kullerten.

Selten schien eine Hundevermittlung so eindeutig zu sein: diese zwei gehörten wohl zusammen. Frau K. war fast gekränkt, als wir uns mehrmals versichern ließen, dass sie mit dem Hund nach angemessener Eingewöhnungszeit in eine gute Klinik gehen würde, um das Bein untersuchen zu lassen. Sie bekam also das Feengeschöpf. Ein großer Augenblick, benetzt mit Frau K.s Tränen der Rührung, dass sie „diesem armen, armen Hund" nun helfen dürfe. Das Glück schien perfekt. Aber wir hatten uns getäuscht. Zwar halten wir mit Aufmerksamkeit, Umsicht und ein bisschen Fingerspitzengefühl auch ein zwanzigköpfiges Rudel locker im Gleichgewicht; Zwischenfälle gibt es kaum und wenn, dann nur kleinere. Im Umgang mit Menschen allerdings sind wir noch immer nicht gegen wüste Überraschungen gefeit.

Die Seifenblase also platzte schon bald. Bei hartnäckigen Nachfragen wurden wir von Frau K. einige Male vertröstet: Nein, sie sei noch nicht in der Klinik gewesen, der nächstgelegene Landtierarzt habe ihr gesagt, da könne man sicher nichts machen, die Probleme mit der Schulter rührten wohl von einer alten Bänderverletzung her, die sich aber nicht auf Röntgenbildern darstellen lasse. Dass dieser Landtierarzt mit Schwerpunkt Großvieh vielleicht nicht als größte Koryphäe auf dem Gebiet zarter Windhundbeine anzusehen sei, war Frau K. freilich nicht in den Sinn gekommen. Als sie uns dann noch mitteilte, der Tierarzt habe Savannahs Fußnägel gekürzt und jetzt laufe sie schon viel besser, war der Ofen aus: Klar, dass wir die Hündin umgehend zurückholen müssten.

Aber Frau K. kam uns zuvor: Savannah sei, so klagte sie, über den Zaun gesprungen und weggelaufen, zweimal schon. Auf 20 Metern Länge sei ihr Gartenzaun für diesen Hund wohl doch etwas zu niedrig. Und den Zaun jetzt nur deswegen höher zu machen, wäre ja wohl etwas zu viel verlangt. Sie möchte sie deshalb zurückgeben – sofort.

Glücklicherweise war Savannah über diese Wendung keineswegs unglücklich, fühlte sich noch immer im Rudel zu Hause und nahm unverzüglich ihre Wettrennen mit Rita wieder auf. Wir allerdings hatten etwas zum Nachdenken. Vielleicht stimmt es ja, was ich mal gelesen habe: dass es oft gerade die emotional Verkümmerten sind, die bei einem Schnulzenfilm am lautesten schluchzen.

Die Geschichte ist damit noch nicht zu Ende, denn nach Guntersdorf zurückzukommen, ist zwar nicht das Schlimmste, was einem Hund passieren kann, ein wirkliches Happy End ist es aber auch wieder nicht. Als erstes fuhren wir mit Savannah in die Klinik, wo eine Arthroskopie zwar ergab, dass das verletzte Innenband der Schulter nicht operiert werden könne, eine Behandlung mit Medikamenten aber durchaus Besserung verspreche.

Die Monate vergingen, alle Leute fanden Savannah nicht nur wunderschön sondern auch lieb und freundlich, aber es wollte und  wollte  nicht klappen für diese Fee auf vier Beinen das passende Zuhause zu finden. Oft, wenn Besucher bei uns waren, fasste Savannah sich ein Herz und fragte sie ganz direkt, ob sie denn nicht ein anschmiegsames, großzügig Küsschen verteilendes Windhundmädchen bräuchten – vergeblich. Es war wie verhext, und wenigstens einmal die Woche wunderten wir uns: „Das gibt's doch nicht, dass man so einen Hund nicht vermitteln kann!"

Lange und geduldig wartete Savannah auf ihren Prinzen

Dass die 400 Greyhounds von der verkrachten Hunderennbahn in Rom auf verschiedene europäische Tierheime verteilt worden waren und zur Vermittlung standen, machte die Sache natürlich nicht einfacher. Nun ja, musste sie halt bei uns bleiben; kein Problem, Savannah fiel uns nie zur Last, ganz im Gegenteil.

Als schon fast ein Jahr um war, rief eine Familie aus Dortmund an, die durch Einschaltung von „Greyhound in Need" auf uns oder vielmehr auf Savannah aufmerksam geworden war. Und da war es wieder, dieses Gefühl: „Diesmal klappt's!" Es passte alles: Familie R. hatte schon einen Hund, nämlich Noah, einen 10jährigen Greyhound-Rüden, vielleicht auch Galgo oder Chart Polsky, so genau wusste man es nicht, weil auch Noah im Alter von fünf Jahren aus einem Tierheim geholt worden war. Außerdem hatte diese Familie auch noch einen Garten, hoch eingezäunt und groß genug, dass man darin auch mal ordentlich durchstarten kann, und viel Windhunderfahrung. Auch die kaputte Schulter konnte diese Leute nicht schrecken, schließlich war ihr Noah ja auch nicht mehr der Jüngste und Allerschnellste. Da Familie R. bei „Greyhound in Need" seit langem und gut bekannt war, waren die Formalitäten schnell erledigt, sie setzten sich also schon vier Tage nach dem ersten Telefonat ins Auto, um von Dortmund 600 Kilometer nach Guntersdorf zu fahren. Noah war natürlich dabei.

Es war wie im Märchen. Noah, der edle Prinz, bog um die Ecke, Prinzessin Savannah erblickte ihn, und im selben Augenblick war's um die beiden geschehen. Sie erkannten sich als verwandte Seelen, beschlossen, sich von Stund' an nie mehr zu trennen. Seine Familie und wir konnten eigentlich nur noch unseren Segen dazu geben. Sie zeigte ihm den Dornröschen-garten, in dem sie so unge-fähr 333 Tage auf ihn ge-wartet hatte, und dann reich-te der Prinz seiner Liebrei-zenden den Arm, um sie hi-nauszuführen.

Das Ehepaar R. - an den Enden der beiden Flexilei-nen - und wir schritten in gebührendem Abstand und im Bewusstsein des großen Augenblicks hinterher. Federleicht sprangen Prinz und Prinzessin in den weißen Wagen, ließen sich nebeneinander nieder und fuhren davon. Wir winkten noch hinterher, Savannah schaute sich kurz um und dann gleich wieder nach vorne. □

# Ixie

Das alles überstrahlende Ereignis des Jahres, das Wunder von Guntersdorf, das, womit wir noch unsere Enkelkinder tierisch nerven würden, wenn wir denn jemals welche hätten, also das Größte schlechthin, begann – wie das meiste im Leben – mit dem Klingeln des Telefons.

Tanja Z., die als Touristin auf Teneriffa leichtsinnig – oder mutig? – genug war, ein örtliches Tierheim zu besuchen, rief recht aufgelöst an. Sie habe dort viele Tiere, hauptsächlich Hunde, gesehen, die sie am liebsten alle einpacken und mit nach Hause nehmen möchte. Aber einer habe es ihr ganz besonders angetan: schon gar nicht dürfe sie sich ausmalen, welches Schicksal diesem großen Hund drohe, dort in dem spanischen Tierheim. Wer uns kennt, hat jetzt natürlich schon einen ganz bestimmten Verdacht. Richtig. Eine Dogge war's, die Tanja so aus der Fassung gebracht hatte, ein großes schwarzes Mädchen, jung noch und dazu bildschön.

Mit ihren großen bernsteingelben Augen, mandelförmig und schräg, hatte die Hündin eindeutig die stärkeren Argumente auf ihrer Seite: Sich jetzt einfach wegdrehen, zurück an den Strand zu Sonne und Meer, am Ende des Urlaubs heimfliegen und diese Hündin einfach vergessen, das würde wohl nicht funktionieren.

Da aber eine berufstätige Frau, viel unterwegs noch dazu, diese Hündin nicht selber behalten konnte, musste Tanja sich darauf beschränken, ihr einfach das Leben zu retten. Sie nahm sie also mit nach Deutschland, um sie dort einem Tierschutzverein zu übergeben. Dass sie damit nicht ein, sondern gleich zehn Leben rettete, konnte sie natürlich nicht ahnen.

Als diese große schwarze Hündin am Nachmittag eines Sonntags im August Guntersdorfer Boden betrat, gab es noch keinerlei Hinweise, dass es uns diesmal endgültig aus der Kurve tragen würde, dass unser wenigstens ansatzweise geordnetes Leben explosionsartig auseinanderfliegen sollte – und zwar derart, dass wir noch nach Monaten die Trümmer aufsammeln und nur mühsam und ganz allmählich wieder Kontrolle erlangen würden.

Es begann schon in der ersten Nacht. Alles fing harmlos an, gewann aber rasch an Dramatik: Erbrechen, Durchfall, Tierklinik, Infusionen, Ultraschall, Bluttests, stationäre Aufnahme. Am nächsten Tag wieder zurück nach Guntersdorf, weil die Hündin sich den Venenkatheter in der ersten Nacht gleich dreimal rausgezogen hatte.

Zwischen den sich überstürzenden Ereignissen hatten wir noch nicht einmal Zeit, uns für dieses Mädel einen passenden Namen zu überlegen. Bei der Datenaufnahme in der Klinik danach gefragt, zog ich ratlos die Schultern hoch – Computer sind so, irgendwas muß man reinschreiben –, also wurde ein „X" eingetragen. Und dabei blieb's. Als Ixie sollte sie in unsere Annalen eingehen.

Recht schnell freundeten wir uns mit ihr an, nicht zuletzt weil wir Stunden bei ihr saßen und Zecken aus ihrem Fell zogen – bei 120 hörten wir auf zu zählen. Dieser Rekord war ihr schon mal sicher.

Ixie wollte und wollte nicht essen, verfiel zusehends, der Kreislauf war instabil, die Blutwerte wurden von Mal zu Mal schlechter. In der Klinik war man auch ein wenig ratlos, weil sich offenbar mehrere Krankheiten überlagerten und die Symptome kaum mehr zu differenzieren waren. Bald entgleisten die Blutwerte völlig, schon wurde von Blutkrebs und Knochenmarkspunktion gemunkelt. Zwar stellte man dann verschiedene Dinge fest – Giardienbefall, Ehrlichiose –, was aber kaum für einen so katastrophalen Zustand verantwortlich sein konnte.

Still und verbissen kämpften wir um das Leben dieser Hündin. Dabei war sie anrührend vertrauensselig. Vom ersten Tag an ging sie ohne Leine mit mir mit, egal wohin, selbst in die Tierklinik. Wir verbrachten viel Zeit miteinander, wen wundert's, dass ich sie ins Herz geschlossen habe, diese Tapfere, die kaum aus der Ruhe zu bringen war, solange ich nur in ihrer Nähe blieb. Ixie war ein Hund, der eine extrem enge, fast symbiotische Beziehung zu einem Menschen brauchte.

Es war in der dritten Nacht, als ich ihre Schritte zu meiner verschlossenen Schlafzimmertür kommen hörte. Ich verhielt mich erst einmal ruhig und hoffte, sie würde auf ihren Platz im Wohnzimmer zurückkehren. Nach ein paar Minuten stand ich leise auf, um nachzusehen: Sie lag vor der Tür, zusammengerollt auf dem blanken Steinboden. Ich brachte sie zurück ins Wohnzimmer: „Schau mal her, hast so ein schönes Platzerl, da auf der Couch... Schlaf' gut, Mädel." Ich strich ihr nochmal über den Kopf und ging ins Bett. Keine zwei Minuten später hörte ich sie wieder kommen. Sie kratzte nicht an der Tür, winselte nicht – lautlos legte sie sich auf den Steinboden. Sie wollte nur ein bisschen näher bei mir sein.

Glücklicherweise war direkt neben meinem Bett noch Platz für eine dicke, weiche Matratze.....

Seinen - vorläufigen - Höhepunkt fand die ganze Sache am zehnten Tag: In der Klinik, nochmal Ultraschall, Ixie lag auf dem Tisch, der Raum verdunkelt, alle schauten auf den Monitor: „Du liebe Güte – die ist ja auch noch trächtig." „Kann man dagegen noch was machen?", so mein schwacher Versuch, das Schicksal noch einmal herumzureißen. Ein Abbruch kam aber nicht in Frage. „Sie würde eine Operation nicht überstehen", winkte der Tierarzt ab. Im übrigen sei es möglich, dass die Babies mißgebildet sein würden wegen der Unmenge an Medikamenten, die die werdende Mutter geschluckt habe – dann müssten sie sowieso gleich nach der Geburt... ja, getötet werden. Vorsichtige Schätzungen des Tierarztes gingen davon aus, dass wir noch etwa drei bis vier Wochen Zeit hätten.

Was später einmal mit ihren Kindern passieren würde, zählte nicht. Ixie war's, die es durchzubringen galt. Und jetzt war es natürlich doppelt schlimm – um nicht zu sagen: katastrophal -, wenn sie nicht essen wollte. Also wurde für sie aufgekocht, dass das Hausrudel sprachlos war vor Entrüstung: Hühnchen, Fisch, Rehfleisch, Putenschnitzel, mit Suppe und Reis, püriert, mit Sahne und Astronautennahrung verfeinert...

Irgendeine der Arzneien schien dann auch einmal ins Schwarze getroffen zu haben. Zögerlich, aber immerhin, fing Ixie an zu essen. Wie's einer Schwangeren gebührt, hatte sie recht sprunghafte, ganz und gar unvorhersehbare Gelüste. Was sie den einen Tag gerne mochte, konnten wir uns oft schon am nächsten Tag in die Haare schmieren – „Nein, danke, nicht schon wieder Seelachs mit Reis!" Womit man noch am ehesten bei ihr landen konnte, waren Butter- und Käsesemmeln. Kann man mit Buttersemmelnschmieren ins Buch der Rekorde kommen? Wir schmierten die Dinger in affenartiger Hektik, auf jedes Stück noch schnell einen Klecks Astronautenpaste, um Ixie mit Kalorien abzufüllen, bevor ihr Appetit wieder verflogen war.

Ich sehe mich noch heute eines samstags kurz vor Ladenschluß aus dem Supermarkt stolpern: links eine Armladung Butter, unterm Kinn drei Packungen fetten Brie, rechts an jedem Finger ein Netz mit zehn Semmeln und – *just in case* – unter beide Arme geklemmt noch je eine Stange Toastbrot.....

Aber was Ixie zu sich nahm, beanspruchten ihre Kinder für sich: der Bauch wurde größer und größer. Und dann kam der Tag, an dem man die Kleinen strampeln fühlen konnte. Vielleicht würde ja doch alles gut werden?! Etwa zur gleichen Zeit aber hatte ihr Blutbild katastophale Werte angenommen: über 30.000 Leukos und ein Hämoglobinwert, der befürchten ließ, sie könne bei der Geburt verbluten. Alles drehte sich nur noch um dieses kommende Ereignis. Hebammencrashkurs: wir wälzten Bücher und löcherten mit unseren Fragen alle möglichen Leute, von denen wir annahmen, sie hätten von der Sache mehr Ahnung als wir, also so ziemlich jeden. Vor allem Lisa, unsere treue Mithelferin seit je, war mit den Vorbereitungen recht gewissenhaft – glücklicherweise, wie sich später herausstellen sollte.

An dieser Stelle ist es an der Zeit, dem restlichen Rudel ein dickes Lob auszusprechen. Obwohl sie kreuzunglücklich waren, weil sich alles nur um „diese Neue" drehte, haben sie uns nicht noch weiter unter Druck gesetzt, sondern mit viel Geduld und Vernunft diese Wochen tapfer durchgestanden.

Da Ixie nicht, wie die Bücher es beschreiben, einige Stunden vor der Geburt angefangen hatte zu hecheln, hatten wir keine Chance: meine Schwester Lynn war auf dem Hundeplatz und ich stand im Stau. Nur Lisa hatte so ein Gefühl gehabt, war unruhig geworden und vorzeitig vom Büro weggefahren. Sie war bei Ixie, als es losging. Aber Lisa war natürlich ein bisschen überrumpelt und stemmte sich verbissen gegen das Chaos, das mit aller Gewalt losbrach, als die Hündin das erste Baby zur Welt brachte. Bis ich endlich kam, lagen schon drei kleine Würmer in der Wurfkiste.

Es war die längste Nacht unseres Lebens: Diese geschwächte Hündin brachte in 15 Stunden 13 Babies zur Welt. Vier davon waren tot, erstickt, weil Ixie für die Wehen keine Kraft mehr hatte. Einige der anderen wollten zuerst auch nicht leben, wurden von Marion K aber so lange gerubbelt, geschüttelt und geklopft - notfalls wurde ihnen auch noch ein Tropfen Brandy verpaßt -, bis sie nach Luft schnappten. Und soweit wir das beurteilen konnten, waren alle gesund, hatten gerade Glieder und ganz normale Köpfe. Von wegen mißgebildet, das waren eindeutig die schönsten Hundekinder, die wir je gesehen hatten.

„Erschöpfung" beschreibt nicht einmal annähernd den Zustand, in dem der nächste Morgen die Hundemutter und ihre Hebammen vorfand. In der ersten Nacht nach der Geburt hatte Ixie den nächsten großen Einbruch: über 40 Grad Fieber; und angesichts der Laborwerte sagte der Tierarzt lapidar zu seiner Helferin: „Mach' das bitte nochmal, das kann ja wohl nicht stimmen!" Es stimmte aber doch. Und sie wollte wieder nicht essen.

Neun Welpen kann schon eine gesunde Hündin nur mit Mühe ernähren. Ixie hatte da natürlich keine Chance, es war klar, dass wir kräftig zufüttern mussten. Aber ganz ohne die Hilfe der Mama würde es schwer sein, die Kleinen durchzubringen. Einmal, nachdem Ixie die paar Brocken, die ich ihr mit Mühe und gutem Zureden reingebettet hatte, wieder erbrochen hatte und die eine Seite der Milchleiste fast ganz zurückgegangen war, waren wir ziemlich sicher, dass wir es wohl nicht schaffen würden: Mutter und Kinder, alle zehn würden sterben..... Düstere Wolken verdunkelten den Himmel über Guntersdorf....

Mindestens so verbissen wie verzweifelt kämpften wir weiter. Schinkenrollen mit Astronautenpaste gefüllt, Joghurt, Zwiebelfleisch mit saurer Soße, gebratenes Hühnchen, Rindsbratwürste, Welpenmilch, Vitamininfusionen - wir haben absolut alle Register gezogen. Nach einer Woche endlich ein Silberstreifen am Horizont: Ixie fing wieder an, Buttersemmeln zu essen. Und dann war sie plötzlich überm Berg, haute ordentlich rein und erholte sich zusehends.

Was nun vor uns lag, waren Wochen und Monate schier unverschämten Glücks. Die Tatsache, dass Ixie sich als rechte Rabenmutter entpuppte, viel lieber mit mir auf der Wohnzimmercouch sitzen wollte, als bei ihren Kindern und auch nachts versuchte, mit in mein Zimmer zu schlüpfen, statt in der Babystube zu bleiben, brachte uns „Omas" in eine ausgesprochen vorteilhafte Position.

Obwohl in dieser Hinsicht völlig unbeschlagen, mauserten wir uns zu perfekten Säuglingsschwestern, hantierten mit Fläschchen, Schnullern, Milchpulver, Babywaage, Gewichtstabellen, als hätten wir nie was anderes getan. Ixie war's zufrieden, sie hatte für die Kleinen ja wohl mehr als genug getan, jetzt sollten ruhig einmal die anderen ran. Sie machte sich nur noch ein bisschen wichtig, putzte die Kinder und ließ sie auch mal trinken, solange ich dabei saß. Wenn ich aber rausging, stand sie sofort auf und kümmerte sich kein bisschen mehr um ihre Puppies, die noch an den Zitzen hingen und abstürzten - einer nach dem anderen. Wenn sie eilig zur Tür wollte, trat sie auch noch darauf, dass sie nur so quietschten. Ixie war eine jener modernen jungen Frauen, denen bewusst ist, dass sie auch nur ein Leben haben: Kinder? Warum nicht, solange sie meiner Karriere nicht schaden.

Dafür waren wir um so verliebter in die Kleinen; strampelten uns Tag und Nacht ab, dass es ihnen an nichts fehle. Wir saßen noch nachts oft bis zwei oder drei Uhr im Bad, Baby auf dem Schoß, Fläschchen in der Hand, und mit dem Rücken an den Boiler gelehnt schliefen wir auch schon mal im Sitzen ein. Dreimal am Tag wurde saubergemacht: die Kleinen in einen Karton mit Wärmflasche, alle Decken raus und in die Waschmaschine, wischen und desinfizieren, frische Decken rein. Ixie stand dabei, schaute mich an, als würde sie fragen: „Bist du jetzt endlich fertig? Können wir dann vielleicht auch mal spazierengehen?"

Für das Saubermachen haben wir regelmäßig „Gebühren" erhoben, die jeweils eines der Kleinen - quasi als Gesamtschuldner für alle Geschwister - bezahlen musste: das jeweilige Baby wurde auf den Arm genommen und erbarmungslos abgeknutscht.

Wir waren gespannt, wie Ixie reagieren würde, wenn wir ihre kleine Bande im Alter von vier Wochen dem Hausrudel vorstellen würden. Nun, sie hatte gar nichts dagegen, je mehr es waren, die sich um die Puppies kümmerten, um so weniger musste sie selber tun. Und da waren einige die sich liebend gerne als Gouvernanten, mehr oder weniger strenge, zur Verfügung stellten. ☐

# Rudolfo Valentino

Man kommt vom Tierschutz wohl nie mehr los - hier ist eine der Geschichten, die vielleicht erklären können, warum das so ist.

Er war ein wunderschöner, großer, langbeiniger und eleganter Hund. Seine überaus charmante Art - ein Kavalier der alten Schule: höflich, unaufdringlich, aufmerksam - hatte uns zu seinem Namen inspiriert: Rudolfo Valentino, kurz Rudi.

Rudi hatte nur ein Problem: Er war ein Windhund. Wer tut sich das schon an und nimmt einen Hund, der ständig mit dem Wind um die Wette laufen muß? Für einen Windhund aber folgte er doch erstaunlich gut. Es war eine Freude, ihn rennen zu sehen. Er hatte es geschafft, sich mit unserer geschwinden Sarah, einer Deutsch Kurzhaar-Hündin aus dem Hausrudel, anzufreunden - die sich zu derartigen Freundschaften sonst nur selten herabläßt -, und zu zweit flogen sie nun über die Wiesen und Felder.

Und wenn man ihn rief, kam er zurück - und lächelte. Rudi lächelte immer; er lächelte auch noch, wenn ihm eigentlich zum Weinen war. Dieser obdachlose Geselle hatte bei uns Aufnahme gefunden, ein Dach über dem Kopf, genug zu essen und einen Platz auf dem Sofa - sofern einer frei war -, alles recht und schön. Aber tief in seinem Inneren war er unglücklich: er wollte halt was Eigenes haben, und nicht nur das zehnte oder zwölfte Rad am Wagen sein.

Rudi witterte seine Chance, als Interessenten - ein Arzt-Ehepaar aus München - kamen, ihn kennenzulernen. Er nahm seinen ganzen Charme zusammen - und das war nicht wenig -, er schmeichelte und schmiegte sich an, knabberte der Frau an den Haaren, seine Augen drängten: „Nehmt mich mit, Ihr werdet es nicht bereuen!" Aber den Leuten gefiel seine Farbe nicht. Sie hatten sich eher einen sandfarbenen Hund vorgestellt, Typ edler afrikanischer Windhund, und unser Rudi war halt bloß ein einfacher Pole mit den Farben einer Kuh: weiß mit großen schwarzen und braunen Flecken.

Wir sind, trotz langjähriger „Feldstudien", doch immer wieder erstaunt, wenn wir sehen, wie klar, schnell und treffend die Hunde verstehen, worum es geht. In diesem Fall ging es für Rudi um alles. Nachdem die beiden Interessenten uns mit ihrem Geplauder und Wichtigtun gut eine Stunde von der Arbeit abgehalten hatten, schickten sie sich also zum Aufbruch an. Und da setzte Rudi nochmal alles auf eine Karte. Er lag vor der Frau am Boden und legte seinen Kopf auf ihren Schuh, drückte ihren Fuß nieder, wie um sie festzuhalten. Mancher Leser wird jetzt schmunzeln und denken: „Unsinn, das gibt's doch gar nicht; maßlos übertrieben!" Nein, lieber Leser, ich übertreibe nicht: jedes Wort ist wahr - wie übrigens in allen Erzählungen dieses Büchleins.

In diesem Moment wurde mein Kummer über Rudis Enttäuschung nur übertroffen von meiner Wut über so viel Kaltschnäuzigkeit dieses Arzt-Ehepaares. Schließlich hatten sie aus den vorhergehenden Telefongesprächen gewusst, dass Rudi die „falsche Farbe" hatte. Als sie gegangen waren, blieb mir nichts, als ihm zu versichern, dass diese Leute einen Hund wie ihn sowieso nicht verdient hätten. Für ihn komme sicher noch eine tausendmal bessere Chance, er müsse nur noch ein bisschen Geduld haben. Er verzog sich, still und nachdenklich, für den Rest des Tages in die Sofaecke.

Einige Tage später bekamen wir ein eMail, bei der wir sofort das Gefühl hatten: Hier kommt sie, diese tausendmal bessere Chance für Rudi. Aber es galt, noch eine Hürde zu nehmen. Diese Hürde hieß Aica und mochte partout keine anderen Hunde.

Aica war eine 7jährige Windhund-Mix-Dame, ursprünglich aus Griechenland stammend, die bei einer Vorbesitzerin jahrelang ein recht dürftiges Hundeleben geführt hatte. Sie durfte kaum Gassi gehen, hatte praktisch keinen Kontakt zu Artgenossen etc. etc. Aber dann hatte Aica das große Glück ihres Lebens und landete bei Susanne und Lennart Leßmann, zwei Menschen, denen Hunde so wichtig sind, wie sie halt sein sollten.

Zu Susannes und Lennarts großem Kummer lehnte Aica kategorisch jeden Kontakt zu Hunden ab; da sie aber wussten, wie wichtig solcher

Kontakt für ein wirklich erfülltes Hundeleben ist, gaben sie nicht auf und träumten von einem passenden Gefährten für ihre Prinzessin. Im Internet sahen sie ein Foto von Rudi und hatten das Gefühl, er könne der gesuchte Prinz sein. Eines schönen samstags also kamen die drei aus Fürth angereist, Rudi besuchen.

Wie zu erwarten, war Aica alles andere als begeistert von dem langbeinigen Charmeur. Aber - oh Wunder - er war ihr wenigstens nur gleichgültig, und sie floh nicht vor ihm, was für Susanne und Lennart schon höchst erfreulich und Grund zu weiterer Hoffnung war. Nach einem gemeinsamen Spaziergang hatte Rudi erkannt, dass das nun wirklich die richtige Familie für ihn sei,. Also beschloß er, das Schicksal bei den Hörnern zu packen und stieg kurzerhand zu Aica ins Auto. Dann, so dachte er sich, *müssten* sie ihn wohl mitnehmen.

Aber die Leßmanns wollten die Entscheidung noch einmal über-schlafen und die ganze Sache gründlich „mit Aica besprechen". Sie ver-sprachen, am nächsten Tag anzurufen. Also zerrten wir Rudi mit Mühe wieder aus dem Auto und ins Haus, er wusste ja nicht, dass es vielleicht nur noch eine einzige Nacht sein würde, die er durchhalten müsse.

Am nächsten Morgen dann der Anruf: „Wir sind schon unterwegs zu Euch und holen den Rudi ab." Als ich aufgelegt hatte, freuten wir uns, wir lachten und scherzten mit Rudi, klopften ihm auf den Rücken und er-zählten ihm von einer ganz großen Überraschung. Er hatte natürlich keine Ahnung, was das Getue zu bedeuten hatte. Mehr als ein halbherziges Lächeln brachte er an diesem Morgen nicht zustande.

Aber als Susanne dann vor dem Hoftor stand, da wusste er, was es zu bedeuten hatte: sie waren zurückgekommen ihn zu holen! Er ging auf Wolken.

Rudi war einer dieser Hunde: steigt ins Auto der neuen Familie, fährt weg und dreht sich nicht einmal mehr nach uns um. In diesem Moment zählt nur noch das atemberaubende Glück, das vor ihm liegt und gerade eben anfängt.

Aber Aica, die kleine Leßmann-Prinzessin, zierte sich. Sie ließ Rudi und alle anderen Beteiligten noch eine ganze Weile zappeln. Es dauerte sechs Wochen und zwei Tage, bis wir aus Fürth die erlösende eMail erhielten, in der stand: „Neues aus Fürth!!!!! Aica blüht neben Rudi richtig auf und liebt es, wenn er sie beschützt - was er auch sehr gerne tut!...

Aica und Rudi sind mittlerweile unzertrennlich geworden; wir können es uns gar nicht mehr anders vorstellen... gab es je eine Zeit ohne unseren Rudi?" □

# Mano und Benny

Die zwei Doggenrüden waren die Lieblinge einer betuchten älteren Dame. Nobles Haus, großer Garten und ein Hausmeister zum Gassigehen, es fehlte ihnen an nichts, außer vielleicht an ein bisschen Nestwärme. Da tat es gut, einen Freund zur Seite zu haben, der immer da war. Der stattliche schwarze Mano war souverän genug, dass die Flegeleien des um drei Jahre jüngeren Benny, gefleckt und ebenfalls stattlich, die Freundschaft nicht wirklich gefährden konnten. Jahrelang waren sie gute Kumpels.

Die Idylle fing an zu bröckeln, als die alte Dame krank und bettlägrig wurde. Der Hausmeister hatte die beiden dann in ein Tierheim zu bringen, das die zwei Burschen in Pension nahm. Die Versorgung dort war nicht schlecht, die monatliche Apanage, die dafür zu entrichten war, auch nicht. Die Tage vergingen, allerdings in dem Zwinger von Mano und Benny wesentlich langsamer als im Rest der Welt - auch eine, leider wenig beachtete Erscheinungsform der Relativitätstheorie. Das Angebot des Tierheims, für die Hunde neue Besitzer zu suchen, lehnte die alte Dame ab, schließlich war sie ja entschlossen, wieder auf die Beine zu kommen.

Daraus wurde aber nichts. Der Alleinerbe hatte schließlich nicht nur ein Millionvermögen am Hals, sondern auch noch den Nachlassposten „2 Hunde", die zu diesem Zeitpunkt bereits zwei Jahre in dem Zwinger vergeblich auf die Rückkehr des Hausmeisters gewartet hatten, um sie nach Hause zu holen. Da kam dem Erben natürlich das Angebot eines Doggenzüchters sehr zupaß, dass dieser Benny, den jüngeren der beiden, der ursprünglich aus seiner Zucht stammte, zurücknehmen wollte, obwohl der kastrierte Rüde für ihn als Züchter wertlos war - gegen Futterkosten. Da diese monatlichen Zahlungen nur halb so hoch sein sollten wie in dem Tierheim, willigte man ein. Benny wurde also eines Tages abtransportiert, und zwar nach Ungarn, wo der Doggenzüchter seine „Produktionsstätte" hatte.

Mano, mittlerweile achteinhalb Jahre alt, wartete nun allein weiter, hauptsächlich auf die Rückkehr seines Kumpels. Monate gingen ins Land, dann kam der Hausmeister und holte Mano ab. Die Fahrt ging aber nicht nach Hause, sondern nach Guntersdorf.

Eine Tierschutzbekannte hatte uns von der Geschichte erzählt und uns gleich die Telefonnummer des Erben dazu gegeben. Die Vereinbarungen waren schnell getroffen: Wir übernehmen Mano - ohne weitere Kosten für den Erben. Der Hausmeister brachte uns den Hund und eine Spende, etwa so viel, wie die Hundepension für zwei Monate kassiert hätte. Wir nahmen das Geld dankend an, Bedingung war es natürlich nicht gewesen.

Ehrlich gesagt, freuten wir uns über den Hund weit mehr als über die Spende. Mano, ein weiser, schon ergrauter Gentleman mit tadellosen Umgangsformen gegenüber Mensch und Tier, fügte sich mit links ins Rudel ein, er saß oft mit Coba, dem seinerzeitigen Rudelchef, auf dem Sofa: Reminiszenzen an vergangene Tage mit Kumpel Benny. Er richtete sich häuslich ein und war's zufrieden, Guntersdorf war gut für den alten Mano.

Das Schicksal jedoch wollte es dabei noch nicht bewenden lassen. Karin Burger, seit 25 Jahren landauf, landab bekannte Tierschützerin und Doggenfreundin, verliebte sich in Mano und nahm ihn mit nach Hause. Dort lebt er mit ihr, den Hunden Paul und Pebbles und mehreren Katzen. Karin schreibt: „Ein Danke für den tollsten, anhänglichsten, lustigsten, schmusigsten, bettadäquatesten, fröhlichsten, beeindruckendsten, sozialsten, schönsten, seidenweichsten Doggenrüden der Welt - für meinen Mano! Herzlichst Eure Karin".

Was aus Benny geworden ist? Alle unsere Versuche, seiner habhaft zu werden, sind bisher gescheitert. Das letzte, was wir in Erfahrung bringen konnten, war, dass der Züchter ihn an einen Gaststättenbetreiber in Ungarn abgegeben hat. Dort, so heißt es, sitzt er tagsüber allein in einem Zwinger, nachts darf er dann raus, um das Grundstück zu bewachen. Ganz im Gegensatz zu Mano wartet sein alter Kumpel Benny wohl noch immer auf die Rückkehr des Hausmeisters, um ihn nach Hause zu holen. ☐

# Helena

Manche Geschichten schreiben sich leicht, manche nicht. Hier ist eine von denen, die mir schwerfallen.

„Hera" hatte sie in ihrem früheren Leben geheißen. Auf den ersten Blick war klar: unpassender konnte ein Name wohl nicht sein. Dieses graugetigerte, abgemagerte, zitternde Häuflein Elend, das partout nicht aus dem Auto steigen wollte, war weit entfernt von einer „Heldin".

Ihr selber war der Name ebenfalls unbekannt, kein Wunder, war sie doch wohl kaum je mit ihrem Namen oder überhaupt angesprochen worden. Sie war eine von über 100 Doggen, die bei einem finanziell verkrachten, gewissenlosen Hundezüchter beschlagnahmt beziehungsweise von Tierschützern befreit werden konnten. Wir haben sie also „Helena" genannt, weil sie eindeutig mehr schön als mutig war.

Bis zu ihrer Befreiung im Alter von drei Jahren hatte Helena offenbar niemals ihren Zwinger verlassen, in dem Dreck, Gestank und drangvolle

Enge herrschten: vier ausgewachsene Doggen auf sechs Quadratmetern waren dort nichts Ungewöhnliches. Wen wunderte es da, dass diese Hündin weltfremd, ängstlich und überhaupt im Kopf ein bisschen verwirrt war? Helena war schwer lenkbar; niemand wusste - am wenigsten offenbar sie selber -, was sie jeweils als Nächstes tun würde.

So hatte sie beim Spazierengehen auf dem letzten Wegstück manchmal das dringende Bedürfnis, sich in Sicherheit zu bringen. Dann lief sie einfach nach Hause, und nichts und niemand auf der Welt hätte sie stoppen können. Oder wenn auf einem Sofaplatz, auf den Helena sich setzen wollte, schon ein anderer Hund saß - kein Problem: sie setzte sich einfach auf den anderen drauf oder so knapp daneben, dass er das Feld räumen musste. Wer da weiß, wie wichtig für Hunde die „Politik der Sitzplätze" ist, kann sich vorstellen, dass der Verdrängte nicht fröhlich pfeifend einfach weggeht, sondern wirklich stocksauer wird und mit Murren und Knurren protestiert. Dieses Murren und Knurren war für Helena dann wiederum unbegreiflich. Mit großen, unschuldigen Augen schien sie zu fragen „Warum bist du so garstig zu mir? Ich habe dir doch gar nichts getan!"

Aber es machte uns Freude zu sehen, wie Helena sich wacker herumschlug mit dem vielen Neuen, das ihr begegnete. Sie war entschlossen, trotz ihrer wahrlich schlechten Startbedingungen, ihr Leben zu leben, so gut es eben ging. Nie werde ich den Ausdruck fassungslosen Staunens in Helenas Gesicht vergessen, als sie die ersten Hühner ihres Lebens sah. Lange stand sie reglos an Nachbars Hühnerzaun, in Betrachtung versunken, fasziniert von diesen gackernden, scharrenden Wunderwesen. Zu Helenas Lieblingsbeschäftigungen gehörte Autofahren. Sie wetzte im Bus ständig von einem Fenster zum nächsten, rempelte auch schon mal andere Hunde weg, um nur ja nichts von dem zu verpassen, was da so unbegreiflich an den Fenstern vorüberflog.

Insgesamt hatte die Hundemeute es nicht leicht mit dieser brisanten Mischung aus Unverfrorenheit und Tollpatsch. Und so waren sie nicht allzu traurig, als Helena „endlich abgeholt" wurde. Eine Frau C., die behauptete, einschlägige Erfahrungen mit ängstlichen Doggen zu haben, wollte sie unbedingt haben. Frau C. tat, als wisse sie wirklich, worauf sie sich einließ, und als habe sie endlos Geduld mit dem „armen Ding". Sie schien immer zuversichtlich: „Das wird schon noch!"

Nach vier Monaten allerdings kam sie mit der Wahrheit herüber: Sie hatte zu Helena keine Bindung herstellen können, Helena habe nicht einmal Freude am Spazierengehen, und außerdem habe sie ihr nicht beibringen können, ihre Häufchen auf die Wiese zu setzen statt direkt vor die Haustür, wobei uns letzteres wohl der eigentliche Trennungsgrund zu sein schien. Als Helena zurückgebracht wurde, spazierte sie auf den Hof, schlenderte um die Ecke und ins Haus, als wäre sie nie wirklich weg gewesen, sondern mit dieser fremden Frau nur mal kurz Gassi gegangen. Sie hat sich nicht einmal nach Frau C. umgedreht. Beim Spaziergang später an diesem Tag war sie so ausgelassen, dass sie auf dem Glatteis stürzte und sich und überschlug; wir hatten schon geglaubt, die Knochen krachen gehört zu haben. Aber es sollte doch noch klappen: Bettina und Rudi, die schon eine etwas schwierige Hündin von uns hatten, wollten sie dazu nehmen. Jetzt begann Helenas glücklichste Zeit. Sie avancierte zu Frauchens Liebling, durfte immer und überall hin mitfahren; einmal die Woche ging's gemeinsam ins Büro, die beiden waren unzertrennlich. Bettina hat uns ein ganzes Fotoalbum mit Bildern von Helena geschickt, zur Dokumentation, dass aus Helena ein wirklich toller, kluger und belastbarer Hund geworden war. Sie war Bettinas ganzer Stolz.

Bis hierher wäre diese Geschichte ja eine schöne Geschichte, wäre da nicht dieser unselige Tag gewesen, als Helena morgens tot in ihrem Bettchen lag. Vermutlich eine Magendrehung hat dieses Glück nach nur zehn Monaten jäh beendet. Das Leben war wirklich nicht besonders fair zu dieser Hündin. Bettina schrieb: „Helena war unser Mittelpunkt. Ich durfte sie verwöhnen, und wir hatten eine unendlich schöne Zeit zusammen. Sie erfuhr wenigstens noch, dass sie etwas ganz Besonderes war..." □

# Doris

Wir hatten das kleine Terrier-Mix-Mädchen Doris von einem Hilfsgütertransport aus Serbien mitgebracht, nicht ahnend, dass ihr Wesen ebenso widerspenstig sein würde wie ihre struppigen, drahtigen Haare.

Zunächst also hatten wir von ihrer kratzbürstigen Seite keine Ahnung. Schmusig, lieb, anhänglich und spaßig, wie sie war, hatten wir viel Freude an ihr und nahmen auch ihre Scheu vor Fremden gar nicht so ernst. „Das wird schon", pflegt man in solchen Situationen zu tönen. Obwohl sie sich sichtlich wohl fühlte bei uns - kein Wunder: so ziemlich alles ist besser als dieses Tierheim in Belgrad, wo sie herkam -, wollten wir natürlich ein neues Zuhause für sie suchen. Schließlich sammeln wir hier keine Hunde, sondern schicken sie, wenn irgend möglich, wieder ins Leben hinaus.

Also kam ein Paar aus Sendling, einem Münchner Vorort, angereist, sich unsere Doris anzuschauen. Vor allem Herr S. war es, dessen Herz die

Kleine mit einem einzigen Augenaufschlag erobert hatte. Nur konnte Doris mit dem eroberten Herzen absolut nichts anfangen, sie wollte mit diesen Leuten partout nichts zu tun haben. Basta!

Nun kennen wir derlei Diskussionen ja zur Genüge: Manche Hunde schwören Stein und Bein, sie möchten für immer bei uns bleiben. Hier geht es ihnen nicht schlecht, und sie haben Angst vor dem, was danach kommt. Normalerweise lassen sich diese Hunde dann aber gerne und rasch eines Besseren belehren. Wenn sie erst einmal die Vorzüge einer eigenen Familie kennengelernt haben, möchten sie für gewöhnlich um keinen Preis mehr zu uns zurück. Das haben wir schon oft erlebt: Wenn die neuen Besitzer nach Wochen oder Monaten mit unseren einstigen Schützlingen zu Besuch kommen, haben diese in der Regel panische Angst, sie müssten wieder bei uns bleiben. Die meisten weichen keinen Schritt vom Hoftor, um nur ja nicht den Zeitpunkt der Heimreise zu verpassen.

Wir waren sicher, dass es auch bei Doris so sein würde und gaben sie Herrn und Frau S. mit, die versprachen, Geduld mit ihr zu haben und vor allem gut auf sie aufzupassen. Glücklich zogen sie also mit Doris von dannen. Die Idylle zerplatzte jäh, als am nächsten Morgen der Anruf kann: „Doris ist weg!" „Ja wie, was, wieso... wie konnte das passieren?" „Sie hat sich aus dem Fenster gestürzt", war die verzagte Antwort. Dieses kleine Luder hatte in der Wohnung in Sendling zwölf Stunden lang den Platz unter der Küchenbank nicht verlassen, aber als zwei Zimmer weiter ein Fenster geöffnet wurde, war sie in einem unbeobachteten Moment hinüber geschlichen. Frau S. sah sie noch kurz auf der Fensterbank, bevor sie aus dem Hochparterre sprang. Dass Frau S. zusammen mit einer Nachbarin hinaus und hinter ihr her rannte, zeitigte nur den zweifelhaften Erfolg, dass sie Doris immer weiter in Richtung Stadtautobahn trieben.

Ich habe mir an diesem Tag die Füße platt gelaufen, kreuz und quer durch Sendling, rufend, lockend, flötend - nichts, Doris war verschwunden. Inserate schalten, Durchsagen im Radio, Zettel aufhängen, Kliniken, Polizei anrufen – doch nichts, keine Spur von Doris. Die freundliche Frau Kosenbach von der Tiervermisstenstelle des Münchner Tierschutzvereins machte uns in den folgenden Tagen und Wochen immer wieder Hoffnung, die natürlich mit jedem Tag geringer wurde: manche Tiere tauchen erst nach Monaten wieder auf, sie wird bestimmt gefunden - falls sie noch lebt... Nach knapp drei Wochen dann endlich ein Anruf von Frau Kosenbach: „Ich glaube, wir haben sie!" Ein anderer Tierschutzverein hatte - routinemäßig - die neu zugegangenen Fundtiere gemeldet, und dabei war eine Hündin, auf die die Beschreibung von Doris paßte. Die Fahrt hinaus zu dem anderen Tierschutzverein war spannend: Ist sie's oder ist sie's nicht? Sie war's. Was sie in den drei Wochen alles erlebt hat, wie sie die mehr als zwanzig Kilometer bewältigen konnte - bei dem Gedanken an die vielen Straßen und Autobahnen, die dabei zu überqueren waren, gruselt uns heute noch...-, wohlbehalten und gut genährt, bleibt natürlich für immer ihr kleines Geheimnis. Vor Freude quietschend ist sie dort im Dachauer Tierheim an mir hochgelaufen. Ich hab sie eingepackt und nach Hause gebracht. Sollte sie halt bei uns bleiben, wenn es ihr so wichtig war.

Aber es kam doch anders: Familie Haake aus Landshut, die vor Jahren eine ebenfalls recht scheue Hündin von uns übernommen hatte, wollte Doris gerne dazu nehmen. Und diese Leute mochte sie. Nun - zugegeben - nicht sofort, aber bald. Jedenfalls ließ man ihr dort keine Gelegenheit, auf ihren dürren Beinchen, trotzig und alles besser wissend, in die weite Welt hinauszuziehen. Und siehe da, nach einer Woche schon war ihr klar: Bei Haakes in Landshut ist es viel schöner als in Guntersdorf! □


# Danka und Dina

Die beiden schwarzen Doggen Danka und Dina sind Spanierinnen. Auf der Straße aufgegriffen, ist über ihre Vorgeschichte nichts bekannt. Offensichtlich jedoch sind sie Mutter und Tochter.

Danka, die Mutter, ist eine zwar schüchterne, aber freundliche und durchaus lenkbare Hündin. Nicht so Töchterlein Dina. Sicher schon zwei oder drei Jahre alt, ist sie dennoch nie erwachsen geworden, hängt an Mamas Rockzipfel und ist praktisch unregierbar - ein 50 Kilo-Welpe also. Sie krabbelt auf der Mama herum, setzt sich auf sie drauf, bis die Rippen knacken und Mama keine Luft mehr bekommt. Nimmt man Dina an die Leine, lässt sie sich zu Boden fallen und bewegt sich keinen Zentimeter von der Stelle. An Autofahren ist überhaupt nicht zu denken, wir bringen diesen Maulesel mit Schlappohren nicht mal in die Nähe eines Autos.

Da Dina bildschön ist und auch schon ernsthafte Interessenten hat, haben wir jetzt ein Übungsprogramm gestartet. Die ersten Lektionen zur Leinenführigkeit allerdings sahen viel mehr nach einem Rodeo aus als nach Hundeerziehung. Erste Erfolge aber sind bereits errungen. Und schon beginnt Dina, selbständiger zu werden und sich für die Welt jenseits des Gartenzauns zu interessieren. Nicht mehr lange, und sie kann losziehen, ihr eigenes Leben zu leben.

Mama Danka hat sicher nichts dagegen. □

# Der Bus

Hier eine ganz andere Geschichte. Sie handelt nicht von einem Hund, auch von keinem anderen Tier, sondern von einem Auto. Natürlich nicht von einem gewöhnlichen, sondern von einem königlichen Auto.

Wir hatten diesen 17 Jahre alten VW-Bus vor allem für den Transport großer Hunde gekauft; ein Fahrzeug mit viel Platz, niederem Einstieg und viel Bodenfreiheit. Ideal, um mit der Hundemeute rauszufahren an die Felder, die Flußwiesen, an den Waldrand. Schiebetür auf und los ging's.

Nun - ganz ohne Hund geht es natürlich auch in dieser Geschichte nicht: Rambo, ein riesengroßer Doggenrüde, schwarz wie die Nacht. Rambo hatte früher auf den Straßen der polnischen Stadt Rawa Mazowiecka gelebt, sich an den Fenstern sein Futter zusammen gebettelt, im Winter sicherlich elend gefroren. Bis Bozena Wahl Erbarmen hatte und ihn in ihrem Tierheim aufnahm. Dort musste er noch vier lange Jahre warten, bis es endlich so weit war...

Als ich ihn bei Bozena zum erstenmal sah, waren noch mindestens 40 andere kleinere Hunde mit ihm im Zimmer. Er saß mittendrin, schaute mich an und wusste, dass sich das Blatt in seinem Leben nun endlich wenden sollte, dass jemand gekommen war, ihn zu holen. Ich nahm ihn also mit nach Niederbayern. An diesem Neujahrstag begann für ihn erst das, was er unter Leben verstand; und er hatte verdammt viel nachzuholen.

Rambo liebte alles: das gute Essen, seine Couch, die Matratze in der Sonne, die Spaziergänge, uns - und ganz besonders „seinen" Bus. Nie konnte man mit ihm die Einfahrt entlanggehen, ohne dass er nicht zuerst an der Schiebetür des Busses stehengeblieben wäre, in der Hoffnung, wir steigen ein und brausen los in Richtung Freiheit und Abenteuer. Wann immer wir über Land fuhren, war er so aufgeregt, dass er nicht sitzen oder liegen konnte. Er stand zwischen den Vordersitzen, die Augen sprühten Glückssterne und er bellte, dass es uns fast die Ohren wegfetzte: „Schneller - ich hab's eilig - glaubt ihr denn, die Hasen warten ewig auf mich - schneller - SCHNELLER!" Selten haben wir einen glücklicheren Hund gesehen. Irgendwie war klar, dass das „sein Auto" war und wir halt nur die Chauffeusen.

So kutschierten wir ihn Monat für Monat, Jahr für Jahr in seinem Bus durch die Lande. Menschen standen am Straßenrand, verwundert ob der bellenden, dröhnenden Blechkiste, die an ihnen vorüberrauschte. Rambo war's zufrieden, war er doch vom bettelarmen Straßenjungen in Polen aufgestiegen zum König von Guntersdorf - so nannten wir ihn. Rambo besaß

Souveränität, Autorität und Stolz, gleichzeitig Güte und augenzwinkernden Humor, so dass er alle Menschen mit einem Fingerschnippen in seinen Bann ziehen konnte.

Ob er nun würdevoll schreitend sein Reich inspizierte oder sich mit seinem vierbeinigen Hofstaat in irgendein Getümmel stürzte, er war stets jeder Zoll ein König – vermutlich der beste, den Guntersdorf je hatte. Und er hatte einen wahrhaft königlichen Dickschädel. Rambo war kein Hund, dem man Befehle erteilte, man konnte ihm bestenfalls Vorschläge machen. Mit einer hochgezogenen Augenbraue erwog er dann, ob er dem Vorschlag stattgeben sollte – oder auch nicht.

Rambo wusste immer, was er wollte, und vor allem, wie er es kriegen konnte. Kekse zum Beispiel: Mit erpresserischer Ausdauer verharrte er so lange vor dem Schränkchen, in dem „seine Kekse" aufbewahrt wurden, bis er eins bekam, natürlich „Prinzenrolle" für den König, in der preisgünstigen Familienpackung. Niemals wäre er ohne sein Schokokeks wieder abgezogen - wer waren wir denn, es ihm zu verweigern?! Aber er übertrieb es auch nicht. Nach einem oder auch zwei Keksen, je nachdem, wieviel halt nötig war, um seinen Blutzuckerspiegel auszugleichen, drehte er ab und verließ freiwillig die Küche.

Überhaupt war Rambo sehr streng mit uns, was seinen königlichen Speiseplan betraf. Von dem Fraß aus der Dose zum Beispiel bekam er keinen Bissen runter. Wenn es mal schnell gehen musste und ich es doch hin und wieder mit einer - sündteuren - Fleisch-pur-Dose probierte, war sein Kommentar ein langer, strenger Blick, der heißen sollte: „Das muß ich mir nicht antun!" - und er wandte sich von der Schüssel ab.

Was er dagegen sehr liebte, war Geflügel. Ich glaube, kein Mensch auf dieser Welt hat soviel Zeit dafür aufgewendet, Hühnchenknochen auszulösen, wie meine Schwester Lynn und ich. Im Bemühen um Zeitersparnis versuchte ich es dann doch mal mit Hühnchenteilen aus der Dose - 800 g zu damals 5 Mark im Fachhandel!. Rambos Reaktion könnte man wie folgt übersetzen: „Merk dir eins: Ich mag Hühnchen - als Wurst, gekocht mit Suppe oder gebraten... ABER NICHT AUS DER DOSE!" Er ließ die Schüssel einfach stehen. Wasser geruhte er nur zu sich zu nehmen, wenn es mit einem Schuß Sahne verfeinert war. Was die anderen Hunde davon hielten, ihr Wasser pur trinken zu müssen, brauche ich wohl nicht näher auszuführen.

Nun soll aber keineswegs der Eindruck entstehen, Rambo wäre ein blasierter Angeber voller Allüren gewesen. Ganz im Gegenteil, er liebte das pralle Leben in Guntersdorf, wollte immer und überall dabei sein. Wenn es einmal notwendig war, die Hunde im Haus zu verwahren - weil zum Beispiel ein Traktor aufs Gelände fuhr oder Landvermesser ihre Geräte aufstellten -, hatte er dafür wenig Verständnis. Klack-klack machte er die Türen auf, und zwar mit den Zähnen an der Klinke, zog rückwärts gehend die Tür so weit auf, dass er bequem durchgehen konnte - die restliche Meute hinterher, und mit Halali ging's in Richtung Landvermesser oder Traktor.

Auch beim Spazierengehen war sein Motto „Ein Mann muß tun, was er tun muß". Bei seinem schon erwähnten Faible für Feldhasen kann sich der Leser leicht ausmalen, wie das konkret aussah. Dabei schien er mit den Hasen eine Art *Gentleman's Agreement* getroffen zu haben: Er erwischte sie nicht, dafür liefen sie nicht allzu schnell davon. Einmal lief Rambo kreuz und quer über ein Feld: Kaum war der eine Hase am Horizont verschwunden, kam schon der nächste entgegen, also umdrehen und hinterher und so fort. Ich rannte am Feld entlang, brüllte verzweifelt, er solle zurückkommen. Er muß mein Gebrüll als Begeisterungsschreie mißdeutet haben, denn er wandte nur kurz den Kopf, strahlte mich an mit dem unschuldigsten Lachen und rief zurück: „Hey, hast du auch so viel Spaß wie ich!? Komm doch her, zu zweit erwischen wir ihn vielleicht!" Die wenigen Jäger unter meinen Lesern mögen mir verzeihen und Verständnis dafür haben, dass ich diesen Hund nicht an die Leine nahm, sondern ihn - wenn es irgend ging - sein Leben leben ließ.

Rambo hatte keinerlei Erziehung, die Bedeutung von Worten wie „Sitz", „Platz" oder „Fuß" blieb ihm zeitlebens verborgen. Aber irgendwie klappte es doch immer. Wenn wir ihn riefen, kam er meistens, nicht aus Gehorsam, sondern vielleicht weil er neugierig war, was wir ihm zu sagen hätten - vielleicht aber auch nur, weil er uns liebte.

Ich könnte wohl noch stundenlang weitererzählen, und es würde mir doch nicht gelingen, den Zauber dieses Hundes einzufangen. Drum will ich langsam zum Ende kommen.

Die Hunde des Guntersdorfer Rudels vergötterten ihren Big Boss und vertrauten ihm bedingungslos, ihm wären sie barfuß durch die Hölle gefolgt. Auch Lynn und ich genossen die schöne Zeit mit Rambo. Aber wir wussten, dass sie nicht allzu lange währen sollte; ein Hund von seiner Statur wird nicht alt, das war uns immer bewusst.

Als es dann so weit war, dass Rambo uns verlassen musste, machte er seine letzte Fahrt zum Tierfriedhof in diesem großen Auto, das ihn so oft hinausgebracht hatte auf die Wiesen und Felder, und das er deshalb so heiß geliebt hatte.

Wir haben diesen Bus nun verkauft an einen Afrikaner. Der wird ihn auf den „Schwarzen Kontinent" bringen und ihn dort noch lange Zeit fahren können - vielleicht als Buschtaxi im Zebradesign in wilder Fahrt quer durch die Serengeti. Und wir können uns gut vorstellen, dass dieser Bus vielleicht nachts in der Savanne stehen wird und die wilden Tiere Afrikas werden sich um ihn versammeln und staunend seinen Geschichten lauschen: von einem großen Hund mit einer großen Seele; einem Hund, der nie folgte, aber trotzdem stets das Richtige tat. Er wird erzählen von Rambo, dem König von Guntersdorf. ☐


# Dana und Lina

Eine Notgemeinschaft aus gemeinsamen Tagen in einem spanischen Tierheim: Dana, eine sehr zierliche gefleckte Dogge von empfindsamem Gemüt; schüchtern und ein bisschen ratlos, mit einem blauen und einem kaputten Auge, das durch eine alte, aber abgeheilte Verletzung zerstört ist. Lina dagegen, eine prächtige Presa Canario-Hündin, löwengelb, groß, stämmig, muskulös, breitnackig, ein typischer „Listenhund" eben; vom Gemüt her allerdings noch viel rat- und hilfloser als Dana.

Als die beiden zu uns kamen, hingen sie mit unsichtbaren Gummibändern aneinander. Wo immer Dana hinging, Lina war dicht neben oder hinter ihr. Was immer Dana vormachte, Lina machte es nach, meist ohne zu wissen, wozu es gut sein sollte. Wenn beispielsweise Dana an die Küchentür kam, um nachzusehen, ob das Abendessen schon fertig zubereitet und somit in Bälde zu erwarten sei, stand Lina natürlich neben ihr und schaute in die Küche. Von dem dampfenden Abendessen allerdings bekam sie gar nichts mit, weil ihre Sinne in Wirklichkeit nur auf die Freundin gerichtet waren. Sobald Dana abdrehte, verschwand auch ihr löwengelber Schatten. Wollte man, dass Lina irgendwohin ging, brachte es nicht viel, wenn man sie am Halsband fasste und sie zu ziehen versuchte; ihr Widerstand war mehr als entschlossen. Führte man dagegen die fügsame Dana voraus, kam sie automatisch hinterher.

Als Dana eines Tages zum Tierarzt gebracht werden musste, ließen wir Lina zu Hause, die nun bis zur Rückkehr ihrer Beschützerin zitternd mitten auf dem Hof saß und sich schon mal auf den Weltuntergang einrichtete. In brenzligen und ganz besonders bedrohlichen Situationen, wenn es also zum Beispiel an der Tür klingelte, versuchte Lina, sich hinter Dana zu verbergen, was schon deshalb nicht gelang, weil sie etwa doppelt so breit war wie ihre Freundin.

Das Verhältnis zwischen den beiden Hündinnen war getragen von Fürsorge, Behutsamkeit, Vertrauen und Vertrautheit. Nie haben wir zwischen ihnen auch nur die leisesten Misstöne wahrgenommen. Viel Zeit verbrachten sie damit, in der warmen Stube aneinandergekuschelt auf dem Sofa zu liegen, wobei immer Lina es war, die auf Tuchfühlung ging, den Kopf auf Danas Rücken legte, ihr das Fell zärtlich putzte oder sich einfach auf die andere drauflegte, um im Schlaf ja nicht zu verpassen, wenn diese weggehen sollte. Beim Füttern leerten sie manchmal zuerst gemeinsam den einen Napf, dann den anderen, wobei die großen Köpfe nur mit Mühe zusammen in die Schüssel passten. □

# Kunigunde

Schon eigenartig, wenn ein Tier deinen Weg kreuzt und von einem Teil der großen, anonymen Masse zum Individuum wird, unverwechselbar, mit einem Namen, einer Persönlichkeit und einer Geschichte. Und ehe du dich versiehst, bist du selber Teil dieser Geschichte, hast Einfluss auf das Schicksal dieses Tieres – und trägst Verantwortung.

Eine Frau G. rief uns an und erzählte, dass sie seit Jahren mit Tierschützern in Osteuropa zusammenarbeite. Sie bringe regelmäßig – ganz offiziell mit Einfuhrgenehmigung und behördlichen Stempeln – Hunde vom Osten nach Deutschland. Bei ihrem letzten Besuch in einem Hundeauffanglager habe sie eine Dogge gesehen, die ihr ganz besonders leid getan habe: verletzt, krank und zum Gerippe abgemagert vegetiere sie in diesem Lager dem Hungertod entgegen. Sie selber habe ja nun wenig Erfahrung mit großen Hunden, habe aber gehört, dass es bei den „Tierfreunden Niederbayern" eine Anlaufstelle für Doggen gebe. Sie fragte also an, ob wir die Dogge übernehmen könnten.

Eine Bestandsaufnahme ergab, dass wir für einen weiteren großen Hund - oder auch nur für einen kleinen - unmöglich Platz hatten, keine Chance. Also sagte ich: „Ja, bringen Sie die Hündin mit!" Zwei Wochen später sollte ich sie am Frankfurter Flughafen abholen.

Aber es kam alles anders: Alle 42 mitgebrachten Hunde der Frau G. wurden am Flughafen beschlagnahmt. Probleme mit abgelaufenen Papieren, mit dem Amtstierarzt, der von Tierschutz leider andere Vorstellungen hatte und nicht einsehen wollte, wie wichtig tierschützerische Arbeit vor allem für alte oder kranke Tiere ist.

Unter anderem war da ein kleiner Hund, der aufgrund einer Lähmung das Hinterteil mühsam hinter sich herzog. Frau G. hatte gehofft, deutsche Tierärzte würden dem kleinen Kerl helfen können. Weit gefehlt: das erste und einzige, was der deutsche Tierarzt vom Amt für den kleinen Burschen tat, war, ihm die Todesspritze zu geben.

Großer Schreck: die für uns bestimmte Dogge mit dem Namen Dunja war ja auch ziemlich am Ende, krank, mit Geschwüren und einer schlecht versorgten alten Verletzung. Drohte auch ihr die amtlicherseits angeordnete Tötung? Dunja war in Gefahr!!

Da lief eine großangelegte Rettungsaktion für Dunja an. Tierschützer aus allen Himmelsrichtungen setzten sich für sie ein: Die veterinärärztliche Dienststelle in Frankfurt, das Sozialministerium in Wiesbaden, das Tierhaus am Frankfurter Flughafen, sie alle wurden überflutet mit Telefonaten und Telefaxen, mit Bitten, Verspre-chungen und Anträgen Dann, drei Tage später, der erlösende Anruf: Dunja kann abgeholt werden.

In Guntersdorf tauften wir sie auf den Namen „Kunigunde" um. Sie war ein Hund mit schillerndem Verhaltensrepertoire: anfangs war sie mehr Schoßhund, anhänglich und zurückhaltend; dann kam eine Zeit der Rauflust und aggressiver Beißereien, samt bitterböser Abneigung gegen große, schlanke Männer. Schließlich kam sie zur Ruhe und zu selbstsicherer Ausgeglichenheit. Aber egal welches ihrer Gesichter sie uns gezeigt hat, eines war die Hündin mit den spitzen Teufelsohren immer: etwas ganz Besonderes. □

# Susi und Schuscha

Die zwei Ungarn-Mädels hatten bisher ihr ganzes Leben zusammen verbracht, und zwar nebeneinander angekettet. Susi, eine pfiffige und quirlige kleine Hündin, war früher sicher mal bildhübsch gewesen. Jetzt allerdings ist ihr mausgraues Fell wie von Motten zerfressen, ein Streifen entlang des Rückgrats ist gänzlich ohne Fell, die Haut dort derb und wie abgestorben. Vielleicht hat sie sich in den Jahren so oft um die eigene Achse gedreht, dass die schwere Kette den Rücken blank gescheuert hat. Freundin Schuscha ist eher pummelig, der Kopf für den tonnenförmigen Körper viel zu klein, das Wesen zurückhaltend und schüchtern. Susi ist natürlich die Anführerin der beiden, sie sagt, wo's langgeht, Schuscha lässt sich gern von ihr bevormunden.

Das Grundstück, auf dem die beiden notdürftig untergebracht waren, hatte einige Male den Eigentümer gewechselt, die Hündinnen damit auch, sie waren so etwas wie „lebendes Inventar". Ihren jetzigen Besitzer hatten die zwei Kettenhunde seit drei Jahren nicht mehr gesehen; lediglich der Aufmerksamkeit von Tierfreunden war es zu verdanken, dass die beiden nicht unbemerkt dort verhungert sind.

Über Tierschutzbekannte erfuhr ich von Frau F., einer älteren Dame bei Wiesbaden, die dort ein hübsches Haus, ein großes Grundstück und ein noch größeres Herz für alte und ansonsten chancenlose Hunde hat. Auf ihr Angebot hin, noch einen weiteren alten Hund aufzunehmen, waren wir dreist genug, ihr von Susi und Schuscha zu erzählen. Wir wurden nicht enttäuscht, sie willigte ein, dann gleich beide zu nehmen, vorausgesetzt natürlich, sie würden sich mit ihrem kleinen Hunderudel vertragen.

Der Transport war schnell organisiert. Wir holten die Hündinnen weg von dem Platz, dessen Trostlosigkeit in krassem Gegensatz stand zu der Freundlichkeit der beiden Mädels. Im Moment waren sie natürlich schrecklich aufgeregt. Das Fünkchen Hoffnung auf ein besseres Leben, das sie sich offenbar noch irgendwo bewahrt hatten, konnten sie im Handumdrehen zu flammender Begeisterung entfachen, sie waren kaum zu bändigen, verloren sich dabei gegenseitig aber keinen Moment aus den Augen.

Zwei Tierschützerinnen aus dem Norden, die bei uns zu Besuch waren, nahmen die beiden Hunde auf dem Heimweg mit, um sie bei Frau F. abzuliefern; wir warteten gespannt auf Neuigkeiten aus Wiesbaden, ob es denn auch klappen würde. Anruf am ersten Tag: Es sieht nicht schlecht aus, aber Susi und Schuscha sind total aufgeregt. Anruf am zweiten Tag: Susi und Schuscha sind tadellos brav mit den Hunden des Hauses, die bereitwillig die pfiffige Susi als neue Chefin akzeptiert haben. Anruf am dritten Tag: Die ehemaligen ungarischen Kettenhunde haben nun den geeigneten Platz zum Schlafen gefunden, nämlich in des neuen Frauchens Bett. Eine Karriere, die wohl nicht anders als steil zu bezeichnen ist. □

## Bambi auf dem Eis

Ich war um Hilfe bei dem Weitertransport einer mit Touristen aus Spanien eingeflogenen Hündin gebeten worden. In der Ankunftshalle des Münchner Flughafens übernahm ich also eine dieser geräumigen Boxen, mit der man Riesenhunde im Flugzeug transportieren kann, darin saß ein Doggenmädchen, 60 Kilo schwer - netto.

Ich öffnete die Gittertür nur einen Spalt breit, damit die Hündin nicht etwa herausspringen und weglaufen könnte. Nichts allerdings lag ihr ferner, ganz im Gegenteil: sie hatte von der Beruhigungstablette noch kräftig Schlagseite, spreizte sich aber auch im Halbschlaf so entschlossen gegen den Türrahmen der Box:, dass es völlig unmöglich war, sie gegen ihren Willen da herauszuzerren. Mühsam montierte ich zusammen mit den Flugpaten, die sie mitgebracht hatten, den Deckel der Transportbox ab; das Unterteil ließ sich dann so kippen, dass die sedierte Hündin einfach herausglitt. Das brachte uns aber auch nicht viel weiter: die Dogge lag nun platt wie eine Flunder auf dem Boden mitten in der Ankunftshalle des Flughafens, und dann mussten sich rasch auch noch ihre Flugpaten verabschieden, um ihren Anschlußzug nicht zu verpassen. Ich, allein, optimistisch: „Na komm, Mädel, steh auf, du kannst doch nicht hier liegenbleiben!" Sie, groggy: „Laß mich in Ruh, mir is' schlecht!" Versuchsweises Ziehen an der Leine brachte mir nur die Erkenntnis, dass sie sich eher den Kopf würde abreissen lassen, als aufzustehen. Die Leute in der Halle wurden nun schon aufmerksam, neugierig, wie ich mein Problem lösen würde. Ich musste also versuchen, den schlaffen Hundekörper hochzuheben.

Wer Walt Disneys Zeichentrickszene „Bambi auf dem Eis" kennt, kann sich diesen Anblick am ehesten vorstellen. Ich zerrte mein 60-Kilo-Bambi vorne hoch, bis die Pfoten auf den glattpolierten Bodenfliesen standen; doch sobald ich losließ, um mich dem Hinterteil zuzuwenden, rutschten die Vorderbeine auseinander, das Kinn schlug auf die Fliesen. Auch der Po sackte jedesmal weg in dem Moment, in dem ich ihn der Schwerkraft überließ.

Schon klebten meine Haare an der schweißnassen Stirn. Auffordernde Blicke in Richtung umstehender Männer konnten diese aber nicht dazu bewegen, ihre Hände aus den Hosentaschen zu nehmen. Auch aufmunterndes Massieren und Klopfen der Hündin konnte die Wirkung der Schlaftablette nicht vertreiben. Schon trug ich mich mit dem Gedanken, mich einfach daneben auf den Boden zu setzen, bis sie ausgeschlafen hätte. Da nahte unerwartet Rettung in Pumps und blauem Kostüm: eine Flughafenangestellte auf dem Weg nach Hause: „Kann ich Ihnen helfen?" Beherzt griff sie zu, sie hinten, ich vorne, hoben wir das schwarze Mädel hoch; aber Bambi glitt gleich wieder zu Boden. Entschlossen lächelnd angelte sich die Hilfsbereite ein Telefon und bat eine Kollegin, mit einem Elektrowagen in unsere Halle zu kommen.

Dann war alles ganz einfach. Zu zweit wuchteten wir die Hündin auf die Kofferablage, stellten uns rechts und links daneben, dass sie nicht herunterrutschen konnte, und die Chauffeurin des Elektrowagens kutschierte uns bequem quer durch die Halle - im Triumphzug vorbei an den Männern mit den Händen in den Hosentaschen. Geschickt und in Zentimeterarbeit zwischen den Glastüren hindurch wurden wir hinaus auf den Parkplatz manövriert, direkt an die Tür des Guntersdorfer Transporters.

Wieder schlangen sich vier nur mäßig trainierte Frauenarme um die schlaffe Hündin, stemmten sie hoch. Als wir sie mit vor Anstrengung angehaltenem Atem und verkniffenen Lippen ins Auto hievten und die Frau im blauen Kostüm schnaubte: „Ich glaub, mein Deo lässt mich im Stich!", hätten wir sie beinahe doch noch fallengelassen, vor Lachen. □

\*\*\*

Ob es eines Tages eine Fortsetzung der Guntersdorfer Geschichten gibt? Kann gut sein, Notizzettel werden jedenfalls schon gesammelt...

# Tagebuch

Die „Guntersdorfer Geschichten" treffen auf so großes Interesse, dass mittlerweile die dritte Auflage erforderlich wurde. Der schon der zweiten Auflage hinzugefügte Auszug aus „Gabis Tagebuch" (1/09-2/10) steht nun bis Ende 2011 erweitert zu lesen. In dem Tagebuch sind Ereignisse aufgezeichnet, zu klein, daraus große Geschichten zu machen, aber doch zu wichtig, um sie irgendwann ganz zu vergessen. So geht's zu in Guntersdorf:

\*\*\*

19.1.: Alle lieben Lutziputzi, den tauben Doggenrüden. Er ist ein herzerwärmend freundlicher Bub, der mit seinen blauen Augen die Welt erkundet, so gut es ihm eben möglich ist. In seinem früheren Leben in Ungarn war er Wachhund - ein Job, den er aufgrund seiner Taubheit nur unzureichend ausüben konnte. Glück für ihn, er wurde vorzeitig in den Ruhestand geschickt, sprich: einfach auf die Straße gesetzt. So hat ihn sein Schicksal auf Umwegen zu uns geführt. Was ihn bei uns im Haus total geplättet hat, ist der Fernseher. Mit ungläubigem Erstaunen, den Kopf schief gelegt, beobachtet er, was in dem Kasten so alles abgeht.

24.1.: Großkampftag in Guntersdorf: Im Laufe des Nachmittags werden 5 Neuzugänge hier eintrudeln. 4 Doggen, 3 davon noch Junghunde, und 1 blinder alter Collie-Mix. Wird ein anstrengender Tag... Überraschung: Die beiden uns als 5 Monate alte Doggen-Junghunde angekündigten Hündinnen sind in Wirklichkeit erst 7 Wochen alt. Offenbar hat man sie bereits im Alter von 5 Wochen der Mama weggenommen. Aber sie tragen es mit Fassung, stellen im Augenblick gerade unsere Küche auf den Kopf....

26.1.: Mit den 5 Neuzugängen vom Samstag war das Wochenende noch lange nicht zu Ende! Am Sonntag ist uns noch eine Dogge gebracht worden, die bei der Polizei abgegeben worden war, samt 4 Welpen, etwa 10 oder 12 Wochen alt. Wir nennen sie Kirk, Spock, McCoy und Uhura. Letztere, verstärkt durch Thelma und Louise, drehen uns die Bude auf links! Die Nervenenden aller übrigen Hunde (und Menschen) liegen blank, sogar Damion legt die Stirn in Sorgenfalten. Lutziputzi als Einziger findet's klasse, er lässt sich durch nichts aus der Ruhe bringen.

30.1.: Die Namen Kirk, Spock, McCoy und Uhura sind irreführend. Es sind Klingonen!

2.2.: Lutziputzi ist für die Welpen im Haus der „gute Onkel", spielt mit den Kleinen, lässt sie auf sich rumkrabbeln. Heute lag er mal auf dem Rücken, alle Viere in die Luft gestreckt - da wollte die kleine Louise die Situation ausnutzen, den Lutz „zu dominieren", versuchen kann man's ja mal, hat sie sich gedacht. Sie kletterte also auf seinen mächtigen Brustkorb und versuchte, sich über ihn zu stellen. Da aber ihre Beine viel kürzer sind als Lutzis Brustkorb hoch, ist aus ihrem kühnen Plan dann doch nichts geworden.

7.2.: Heute war ich mit Fjodor im Wald, unser Spaziergang führte uns an einem Waldkindergarten vorbei. Dort gibt es eine lebensgroße Wildsau - aus Holz. Beim Anblick dieses Tieres, das da zwischen den Bäumen regungslos drohend verharrte, blieb Fjodor wie angewurzelt stehen. Mein „komm, schau mal, die tut dir nix" konnte ihn nicht überzeugen, nein, er wollte nicht näher ran, auf keinen Fall! Betont unbeeindruckt und entschlossen schritt ich auf die - natürlich noch immer unbewegliche und deshalb arg bedrohliche - Wildsau zu, um Fjodor ein wagemutiges Vorbild zu geben. Da muss er sich gedacht haben „jetzt ist die Alte völlig durchgeknallt, große Hilfe ist die mir nicht mehr!" und entfernte sich eilends Richtung Unterholz.... mein 75-Kilo-Baby. Aber am Ende haben wir es doch noch geschafft, dass er an der Wildsau schnupperte!

17.2.: Schwarze Wolken sind über Guntersdorf aufgezogen: Ingrid ist weg! Der Riegel von der Gartentür war repariert und hat trotzdem bei nächtlichem Schneesturm nicht gehalten. Damion ist letzte Nacht verschwunden, und die Ingrid mit ihm! Das hat sie in 3 Jahren niemals gemacht! Auch wenn alle mal kurz durchs Dorf gezogen sind, Ingrid ist immer hier geblieben. Nun ist sie wie vom Erdboden verschluckt. Damion war am Morgen wieder zurück, sie nicht.

12.2.: Heute ist Walhalla hier angekommen, Doggenmädchen, ebenso stocktaub wie Lutz. Der hat sie gleich unter seine Fittiche genommen, hat ihr alles gezeigt, wie's hier läuft und so. Ich glaub', die zwei unterhalten sich in irgendeiner Geheimsprache, die nur sie beide verstehen.

19.2.: Es ist nur noch bedrückend. Die Nächte sind saukalt, man darf sich gar nicht vorstellen, wo Ingrid Unterschlupf findet, falls sie überhaupt noch lebt. Wir malen uns die schlimmsten Dinge aus...

22.2.: Keine Spur von Ingrid...

24.2.: Wir waren eigentlich schon sicher, dass Ingrid etwas zugestoßen ist und sie erst, wenn der Schnee weggetaut sein wird, gefunden würde. Aber sie wurde gesehen! Vor 3 Tagen, etwa 4 Kilometer von hier entfernt. Als jemand sich ihr nähern wollte, verschwand sie im nahegelegenen Wald. Ich bin mit Fjodor heute an die Stelle gegangen, wir sahen ihre Spuren im Schnee, die aber schon alt waren. Keine Ahnung, in welcher Richtung sie weitergelaufen war.

26.2.: Heute in den frühen Morgenstunden hat Gerdi mich geweckt: „Komm schnell, die Ingrid ist vor dem Tor!" Ich hochgetorkelt, eine Dose Lammpansen aufgerissen, rausgestürmt, schnell-schnell alle Hunde ins Haus sperren! Da kommt das Mädel um die Ecke, sie ist hungrig, aber anscheinend gesund. Ich lege ihr eine Spur mit Lammpansen, wie selbstverständlich spaziert sie durch die offene Gartentür herein. Und dann gleich ins Haus und rauf auf's Sofa, ihre müden Glieder ausruhen und aufwärmen.

28.2.: Ich war zwei Tage unterwegs, Krankenbesuche und Nachkontrollen machen und habe heute auf dem Rückweg zwei bezaubernde Doggenmädchen nach Hause geholt. Assia und Cheyenne, ganz lieb, verträglich und bildschön, wenn sie erstmal ein paar Kilos zulegen.

11.3.: Heute wurde Lady M operiert. Man hat ihr ein künstliches Kreuzband eingesetzt, da das alte „irgendwie verschwunden" war. Es muss, noch in Ungarn, schon vor sehr langer Zeit gerissen sein, durch ständige Entzündung hat es sich aufgelöst. Aber diese TTA-Operation verspricht Besserung, so dass Lady M (die bei Martina „Frau Meier" heißt) nun hoffentlich ein normales Hundeleben führen kann.

14.3.: Heute hat Sandra uns besucht. Sandra war die scheueste von vier verstörten, weil psychisch und physisch misshandelten Hunden, die Ende

2007 zu uns gekommen sind. Vor einem Jahr wurde sie adoptiert von Frau H., die uns monatelang Bericht erstattet hatte, wie es ihr mit Sandra erging - und zwar gar nicht gut. Sandra hatte eigentlich nur in einer Transportbox im Wohnzimmer gelebt und über 5 oder 6 Monate lang nicht den Mut aufbringen können, nach draußen in den Garten zu gehen, nicht mal zum Pinkeln (!). Jedesmal wenn Frau H. angerufen hat, haben wir schon darauf gewartet, dass sie uns bittet, Sandra zurückzunehmen - wir hätten es ihr nicht einmal verdenken können. Aber  Frau H. sagte immer wieder „das wird schon noch, ich geb' nicht auf!". Und irgendwann hat sich das Blatt gewendet. Heute hat Frau H. uns Sandra präsentiert: sie fährt Auto, läuft ohne Leine, kommt auf Zuruf und benimmt sich - fast - wie ein ganz normaler Hund. Respekt, liebe Frau H., sowas nenne ich „Stehvermögen"!

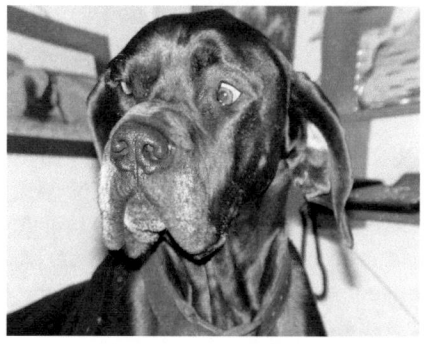

5.4.: Fjodor hat seine Tauglichkeit auch für größere Feste nun unter Beweis gestellt. Ich habe für einen runden Geburtstag im Familienkreis jede Menge Kuchen gekauft. Einen ganzen Nusszopf hat der Bub bereits gestern im Auto geklaut. Heute in der Küche, als ich mich einmal nur ganz kurz umgedreht habe, war die Deko der Sahnetorte abgeschlabbert...

8.4.: Die kleine Motrine bewegt sich sehr souverän inmitten eines Rudels, von dem einige Hunde gut das 10- bis 15-fache von ihr wiegen. Unerschrocken wackelt sie über den Hof, langsam und bedächtig, und dabei sehen ihre Hinterbeine so kurz und krumm aus wie von einer Schildkröte.

11.4.: „König der Diebe" war ja bekanntlich Robin von Locksley, alias Robin Hood. Während Robin aber vornehmlich Rächer der Enterbten war, der von den Reichen nahm, um es den Armen zu geben, sieht der moderne Dieb das ganz anders: der klaut ausschließlich für den eigenen Bauch. „Fjodor von Guntersdorf" war heute mit mir einkaufen. Ich musste in verschiedene Geschäfte und hab' das so abgestimmt, dass er im Auto nicht die Einkäufe des einen Ladens klauen konnte, während ich mich im nächsten aufhielt. Und ich nahm alles aus dem Wagen, was ihm schmecken würde - z.B. einige Stücke Ochsenziemer und getrockneten (!) Rinderpansen hab' ich in die Einkaufstasche gepackt und mit in den Supermarkt genommen, damit er es sich nicht holen konnte. Womit ich allerdings nicht gerechnet habe, war, dass er notfalls auch 10 rohe Eier fressen würde....

24.4.: Menschen können durchaus sehr unterschiedlich sein. Eine Familie, die sich für unsere Niki ernsthaft interessiert, lässt sich auch von der Diagnose „möglicherweise Neurodermitis" nicht abschrecken. Sie nehmen sie trotzdem und sagen, so schlimm wird's schon nicht sein! Eine andere Familie dagegen hat dem Jimmy abgesagt, sie wollen ihn nun doch nicht adoptieren, weil er bei ihrem Besuch Durchfall hatte.

5.5.: Was mich doch immer wieder zum Nachdenken bringt: Fjodor lässt ohne einen Lidschlag lang zu zögern seine Fleischgurgel links liegen, wenn er ein Stück von Gertis Zitronenkuchen mit Zuckerglasur ergattern kann!

6.5.: Von einer Wirtschaftskrise sind ja bekanntlich alle gleich betroffen - auch für Tierschutzvereine gibt's da keinerlei Vergünstigungen. Nun ja, eine Ausnahme könnte höchstens für Tierärzte gelten: soweit wir das beurteilen können, leiden die bisher noch nicht unter der Krise. Heute z.B. war Theba zur Korrektur der Augenlider: kostet insgesamt über 1.100 Euro, Kastration, Impfung, Chip noch nicht mitgerechnet. Klein-Fionas Herzoperation: 2.000 Euro. Happy Hexe: Das Bein mit dem alten Bruch muss nun doch nochmal operiert werden, Kosten noch unbekannt. Ich schiebe den Stapel Tierarztrechnungen immer von einer Schreibtischseite auf die andere, bis zur Monatsmitte hin die Patengelder eingehen, damit ich überweisen kann. Die Krise ist beklemmend: Viele Leute müssen ihre Patenschaften kündigen, weil sie selbst in finanzielle Schwierigkeiten geraten sind. Und natürlich werden auch die Spenden weniger.

9.5.: Heute wurde eine alte Asta bei uns abgegeben, wegen Umzugs. 16½ Jahre alt. Das Mädel ist völlig verzweifelt und versteht die Welt nicht mehr.

19.5.: Beinahe hätte Wolle ihren Titel „Hund mit den meisten gezogenen Zähnen" eingebüßt. Aber ihr Rekord bleibt unerreicht, denn Asta musste nur 9 Zähne lassen, bei Wolle waren es damals 14. Asta die Operation gut überstanden. Ihr Atem ist nun wie klare Frühlingsluft, während man es vorher mit ihr in einem geschlossenen Raum kaum aushalten konnte.

22.5.: Von Zeit zu Zeit schickt uns das Schicksal eine Belohnung für die Rackerei, die wir hier jahraus jahrein auf uns nehmen: Diesmal ist es Maxi.

Der macht sich nichts draus, dass er neurologisch - und geistig - nicht so ganz auf der Höhe ist, er ist gänzlich ohne Aggression, immer fröhlich und schmust mit Hingabe: quasi die Jagdhundversion von Lutziputzi.

23.5.: Zwei Doggen aus Malta sind angemeldet. Leider verzögerte sich der Transport, weil der eine Rüde so groß ist, dass keine geeignete Flugbox für ihn aufzutreiben war. Die Tierschützer vor Ort haben ihm nun eine Box aus Holz anfertigen lassen. Maße 90x110x140cm. Hmmm, ich wusste gar nicht, dass *Jurassic Park* auf Malta gedreht wurde?!?

25.5.: Wir haben es geahnt: Bärbel kommt zurück. Als sie endlich die so lang ersehnte eigene Familie hatte, hat sie sich - gelinde ausgedrückt - sehr zum Nachteil verändert. Daher meine Bitte an alle: Wer eine kleine, unförmige, starrköpfige Hündin sucht, deren Haare immer aussehen, als hätte sie eben ein Starkstromkabel durchgebissen, die sich redlich müht, alles und jeden von ihrer geliebten Familie fernzuhalten, indem sie nicht nur Besuchern, sondern auch unbeteiligten Passanten an die Waden geht, und die - *last but not least* - jedes Geräusch mit Bellen ahndet, vor allem nachts ... wer also einen Hund wie die unvergleichliche Bärbel sucht, der möge sich bitte bei uns melden!

27.5.: Ich glaub', wir müssen jetzt mal um „Waschpulverpatenschaften" für Leva bitten. Es ist zum Verzweifeln! Wenn man nicht ständig nach ihr schaut - oder wenn ein paar Hunde ihr gerade den Weg versperren - oder wenn in der Küche ein Futternapf zu Boden geklappert ist - oder wenn ein anderer Hund einen Anpfiff bekommen hat - oder wenn Besucher auf dem Hof herumstehen - oder wenn wir hektisch zum Telefon rennen - oder wenn der Paketdienst klingelt - oder wenn es draußen regnet - - - jede noch so kleine Aufregung ist ihr Grund genug, statt vor's Haus zu gehen, gleich im Wohnzimmer auf die Matratze zu pinkeln und oft auch gleich noch einen Haufen dazu zu setzen. Dabei sind wir sicher, dass sie ganz genau weiß, was wir von ihr wollen - weil sie dazu immer auf einen unbeobachteten Moment wartet.

30.5.: Seit gestern sind die beiden Doggen aus Malta hier. Der erwartete Riesenrüde entpuppte sich als zwar langbeiniger, aber schlanker und wirklich nicht ungewöhnlich großer Bub. In dieser Holzbox konnte er während des Fluges glatt rundum laufen! Aber na gut, die große Holzbox können wir jetzt prima als Hundehaus einsetzen. Aber an der Flughafenfrachtabwicklung war's erstmal spannend, ob das Riesenholzteil auch wirklich in unseren Transporter passt. Ein hilfsbereiter Mensch war so freundlich und hat mit dem Gabelstapler Millimeterarbeit geleistet und beide Boxen samt Inhalt ins Auto geladen. Also konnten die Hunde gleich sitzen bleiben und auf dem Landweg weiterreisen bis Guntersdorf.

1.7.: Mischu war zum CT wegen seiner Ohren und der schiefen Kopfhaltung. Das linke Ohr ist praktisch total zerstört, die Knochen im Gehörgang lösen sich auf. Wir werden in den nächsten Tagen wissen, ob das „nur" von einer Entzündung kommt oder ein Tumor die Ursache ist. Dann können wir entscheiden, ob eine Operation für ihn Sinn macht. Und dann müssten auch noch die eitrigen Zähne saniert werden. Er ist so ein tapferer alter Hund....

3.7.: Ihr glaubt ja gar nicht, was wir hier für ein artiges Rudel haben, wenn's gewittert! Heute war ein schlimmes Gewitter (so schlimm, dass ich schon überlegt habe, was ich an Habseligkeiten zusammenraffen müsste und wie die Notrufnummer der Feuerwehr geht - im Fall der Fälle!), der Donner war so schrill, dass man meinte, es zerreißt den Himmel. Und dieses wirklich üble Gewitter ist eine ganze Weile über Guntersdorf gekreist. Alle, sogar Ingrid, haben sich in meiner unmittelbaren Nähe herumgedrückt. Und all die diversen Befindlichkeiten und kleinen Feindschaften waren vergessen, eng beieinander haben sie tapfer - der eine mehr, der andere weniger - dem Weltuntergang entgegengesehen. Außer der Hilde, die ist auch noch während die Welt untergeht ein böses altes Weib. Da reicht's schon, wenn der Batista mal dumm aus der Wäsche schaut (seine leichteste Übung!), schon bleckt sie ihre vergammelten Zähne, schnappt nach ihm und setzt ihm auch noch durch's ganze Wohnzimmer nach. Nun ja, und außer Batista, der ist während des Gewitters herumgehampelt wie immer, unbekümmert und fröhlich. Wenn ich's recht bedenke, er hat wohl gar nicht gemerkt, dass Gewitter ist...

11.7.: Es ist wieder mal ein Loblied fällig: Monsi. Die graue Eminenz in Guntersdorf. Ich kann mich nicht erinnern, je einen so souveränen Hund hier gehabt zu haben. Er stänkert nicht, lässt sich auch nicht anmachen, sondern dreht sich einfach weg, wenn ihm die Jungs zu nahe treten. Er strahlt Ruhe aus und ist in seinen zarten Annäherungsversuchen einfach nur zauberhaft. Nicht mal der heutige Tag konnte ihn aus dem Konzept bringen: Von 8.45 früh bis abends 19.30 Uhr waren hier insgesamt 22 Leute. 5 davon haben 6 Hunde zu uns gebracht, 9 weitere Hunde sind hier nur um-

geladen und weiter transportiert worden. 11 von diesen Leuten haben Hunde abgeholt, 4 Leute haben sich Hunde angesehen, aber sich nicht dafür entschieden. Dazwischen klingelte mindestens 25mal das Telefon. Die Kaffeemaschine ist heißgelaufen. Die hier ansässigen Hunde wurden ständig herumgeschoben, rein, Tür zu, dann mal wieder raus, alle schnell pinkeln, während die Neuzugänge in der Zeit natürlich separat weggesperrt werden mussten. Die Menschen redeten durcheinander, Fragen und Antworten schwirrten hin und her - ohne wirklich zueinander zu finden.

8.8.: Manchmal bleibt einem schier das Herz stehen. Wie heute, als ich in meinem Zimmer das Fenster, das auf die Einfahrt hinausgeht, offenstehen gesehen hab'. Am Nachmittag war ein Doggenbub bei uns abgegeben worden, für vorübergehend, wie es hieß. Beziehungsprobleme. Die Frau hatte am Morgen Hals über Kopf ihre Wohnung verlassen - samt Brillenhämatom und drei Hunden. Da einer von den dreien, nämlich die Dogge, rudeltauglich ist, kam der 20 Monate alte Rüde zu uns. Er war natürlich total durch den Wind, zuerst geht zu Hause alles drunter und drüber (vor dem Mann hatte er immer schon Angst), dann wird er auch noch zu fremden Leuten mit vielen Hunden gebracht - als die Besitzerin wieder abgefahren war, wollte er natürlich hinterher. Ich hab' ihn deshalb in meinem Schlafzimmer untergebracht, wo er erstmal zur Ruhe kommen sollte. Aber seine Pläne waren andere! Er hat das gekippte Fenster wohl zuerst geschlossen, dann den Griff um 90 Grad gedreht, das Fenster geöffnet, das Fliegengitter abmontiert - und weg war er. Als mir das offene Fenster entgegenstarrte, bin ich reflexartig losgerast - weit konnte er noch nicht sein! Ich in's Auto (gut, dass der Schlüssel immer steckt!) und in die Richtung, in der die Besitzerin etwa eine Stunde vorher weggefahren war. Und tatsächlich, mitten auf der Landstraße trabte er dahin, ebenso ratlos wie zielstrebig. Ich hab' mit Auto und Warnblinker die Straße blockiert, so dass wir ungestört ein paar mal ums Auto laufen konnten, er voraus, ich hinterher. Welch ein Glück, als er sich endlich am Halsband packen und anleinen ließ!

9.8.: Für mein gestriges Problem (Fenster offen, Hund weg) ist mir eine gute Lösung eingefallen: Ich hab' den Fenstergriff abgeschraubt! Er muss vorläufig noch in meinem Zimmer bleiben, weil ich ihm zutraue, über den Zaun oder die Gartentür zu klettern. Eine zweite Chance abzuhauen wird er nicht kriegen, wenn ich es irgendwie verhindern kann. Der arme Bub ist wirklich unglücklich.

10.8.: Hmmm, ist sicher meine Schuld. Vielleicht hätt' ich dem Doggenbuben zeigen sollen, dass ich den Fenstergriff abmontiert und beiseite gelegt hatte. Dann hätte er ihn nicht suchen müssen - im Rahmenholz und unter dem Fensterkitt. Aber warum er auch das Raffrollo in Streifen reißen und dessen Stange unter Mitnahme der Dübel abmontieren musste, erschließt sich mir nicht unmittelbar. Nun bin ich auch unglücklich, aber nur ein bisschen.

22.8.: Wettermäßig ist heute ein ganz scheußlicher Tag, es regnet verdrießlich vor sich hin. Um den Hunden ein wenig die Zeit zu vertreiben, hab' ich Leckerlis ausgeteilt, jeder bekommt nach seiner Zahnbeschaffenheit das, was er meistern kann. Bärbel und Babi allerdings haben da was falsch verstanden: Sie meinen, sie kriegen Leckerlis nicht *weil*, sondern *solange* es draußen regnet...

8.9.: Der alte Mischu: Er ist ein so anrührender Hund, von unerschütterlicher Freundlichkeit. Er schläft sehr viel, was seinem Alter ja durchaus angemessen ist, und wenn er aufwacht, lächelt er in die Welt. Da er nicht mehr viele Zähne hat, sind die Lippen leicht eingefallen, so dass der linke untere Eckzahn meist nach außen spitzt - wie bei einem Eber. Und wenn er die Futterschüssel hingestellt bekommt, wedelt er mit dem Schwanz, und er hört nicht auf zu wedeln, bis der letzte Futterkrümel aufgeschleckt ist.

21.11.: Da Vermittlungen seit Wochen schon „tote Hose" sind, andererseits Neuzugänge trotzdem an unserer Tür klopfen, müssen wir derzeit ziemlich eng zusammenrücken in unserem kleinen Häuschen. Dazu gekommen sind die schönen Afra und Lilly, die blinde Sara (zwischenzeitlich an den Augen operiert), der dralle Samson und die unnahbare Donna: die ersten drei Wochen hier hat Donna uns angeknurrt, sobald sie uns zu Gesicht bekam. Seit wir wissen, dass sie eine Schwäche für gekochte Putenherzen hat, knurrt sie nicht mehr. Aber anfassen - nein, das lässt sie sich noch immer nicht!

28.11.: Puh, wieder mal Großkampftag in Guntersdorf. Drei Neuzugänge: Dogge Stex, sehr mitgenommen, dürr, die Nase läuft. Dann noch Diana,

Deutsch Kurzhaar, und eine besonders anstrengende Belgischer Schäfer-Mix-Dame namens Saba.

29.11.: Stex geht's gar nicht gut. Er hustet und ist schwach und apathisch. Liegt viel, geht nur raus, wenn ich mitgehe. Dann stapft er auf seinen dürren, wackeligen Beinen an meiner Seite durch den Garten. Dass ich mit ihm rausgehe, damit er seine „Geschäfte" erledigen kann, hat er aber noch nicht verstanden...

30.11.: Haben Stex mit 40,9 Fieber in die Klinik gebracht, beginnende Lungenentzündung. Aber es gibt auch eine gute Nachricht: Dogge Donna hat sich nach fast zwei Monaten heute zum ersten Mal von mir anfassen lassen.

3.12.: Stex geht's besser, aber er muss noch stationär bleiben.

5.12.: Die Vermittlungsflaute scheint vorüber: Der arme Tropf Darius hat den Sprung in ein eigenes Nest geschafft, Sara ist auf einen Dauerpflegeplatz übersiedelt. Und für Monsi wird es auch klappen, am Dienstag, ganz sicher! Großes Glück: Heute hab' ich es sogar geschafft, Donna ein Halsband anzulegen.

16.12.: Das Rudel ist in heller Aufruhr! Saba, als Malinois-Mix ohnehin schon recht lebhaft, ist nun auch noch läufig geworden. Der alte Mischu als einziger unkastrierter Rüde leidet entsprechend. Aber auch die anderen - kastrierten - Jungs wissen noch in etwa, worum es geht...

19.12.: Heute ist Samson abgeholt worden - im Gegenzug haben wir gestern und heute vier (!) Hunde aufgenommen, alles alte Abgabehunde aus unserer Gegend: Mallory, Hexe, Tini und Lissy.

21.12.: Stex war heute zur Kontrolluntersuchung in der Klinik: Die Lunge ist etwas besser, aber er nimmt und nimmt nicht zu. Auch können sich die Tierärzte nicht so recht erklären, warum er noch immer Pfützen und Häufchen in sein Bett macht, wenn man nicht wirklich alle 2 Stunden mit ihm rausgeht. Vielleicht ist er so schwach, dass es ihm einfach egal ist.

23.12.: So ganz allmählich taucht der Stexi aus seiner Apathie auf und nimmt ein wenig mehr Anteil am Leben in Guntersdorf. Verwunderlich ist, dass er auf seinen Beinen, dürr wie Holzstöckchen, sogar traben kann...

30.12.: Im Nieselregen war ich heute mit Fjodor spazieren. Er war unruhig und fahrig ob meines Aussehens. Ich hatte nämlich auf dem Kopf eine Kappe aus Ölhaut, jenes Modell, das in Schiffskatastrophenfilmen bei Orkanregen von Seemännern gern getragen wird. Zwar sind solche Kappen, mit breiter Krempe hinten, damit es nicht in den Mantelkragen regnet, und zwei Bändern, um sie unter dem Kinn festzuzurren, nicht wirklich kokett anzusehen, trotzdem finde ich, dass ich damit nicht so furchterregend aussehe, dass ein 75-Kilo-Hund vor mir Angst haben müsste. Andererseits ist es natürlich immer gut zu wissen, mit welchem Hilfsmittel man dem eigenen Hund erforderlichenfalls ein wenig Respekt abringen kann.

4.1.: Für manche Hunde ist es wie verhext. Da will und will es mit der Vermittlung einfach nicht klappen. Afra zum Beispiel: Schier unglaublich, dass diese Schönheit seit Anfang Oktober auf ihre Adoption wartet! Die Leute argwöhnen bereits, dass Afra irgendwelche „Leichen im Keller" hat. Aber weit gefehlt! Afra ist lieb, anhänglich, spielt gern und ausdauernd. Sie ist gesund, hat gerade Glieder und glänzt wie poliertes Leder - weil wir sie gleich nach ihrer Ankunft auf Frischkost umgestellt haben. Selbstverständlich trudeln viele Anfragen für sie bei uns ein. Aber es ist immer mindestens ein Haar in der Suppe - manchmal auch mehrere, die einer Vermittlung im Wege stehen: sie müsste im 1. Stock leben, müsste regelmäßig länger alleine bleiben, als es in ihrem Alter zumutbar ist, müsste am Pferd mitlaufen oder bekäme Futter, das in der Qualität weit hinter dem zurückbliebe, was sie hier bei uns bekommt. Ja, mag sein, dass die Messlatte ziemlich hoch hängt...

16.1.: Leva pinkelt nach wie vor auf Matratzen und Decken. Stex ist (bislang noch) kotinkontinent, macht seine Häufchen, wo er geht, steht oder liegt, meistens in sein Bett. Ab morgen soll's tauen mit jeder Menge Matsch vor der Haustür. Und seit Mittwoch ist unsere Waschmaschine kaputt!!! Ersatzteil ist bestellt. Während wir über aufgetürmte Wäscheberge klettern, beten wir inbrünstig, dass sie ab Montag wieder funktioniert.

18.1.: Morgengrauen in Guntersdorf, 6.15 Uhr, von rechts wegen hätte mir mindestens noch eine Stunde Schlaf zugestanden. Angelina wird unruhig, sie muss mal raus. Ich mache das Licht an und sehe verschwommen zwei Hundehäufchen, dazwischen eine Pfütze, ach ja, und noch eine weitere in Stexis Bett. Oh je, dann kommt mal alle (das sind Donna, Stex, Hilde, Angelina, Sissie und Fjodor) raus, und passt auf, dass Ihr nicht in die Kacke tretet - hopp, hopp, raus mit Euch! So schnell komm' ich morgens nicht auf Touren, wankend also tappe ich ins Bad, um die nötigen Utensilien und Putzwasser zu holen. Erst als ich mich - in jeder Hand eine Spachtel - den Hinterlassenschaften entgegenbeuge, merkt auch mein Rücken, dass wir beide schon aufgestanden sind. Wir einigen uns darauf, dass wir jetzt schnell saubermachen und uns dann ja nochmal eine Stunde ins Bett legen können. Als alles fertig ist, muss auch Saba kurz raus; ich muss sie aber begleiten, weil sie sonst über's Tor (ca. 1,90 m hoch!) springt und schon mal das Dorf aufwecken geht. Also tappe ich, über's Glatteis schlitternd, in Nachthemd und Hausschuhen mit ihr ums Haus - und erwische sie gerade noch, um sie von der obersten Latte des Tors wieder herunterzuziehen. In der Zwischenzeit hat Stexi im Hausflur gewartet, dass er wieder ins Schlafzimmer darf. Vor lauter Warten hat er aber nicht bemerkt, dass er Häufchen machen musste - also passierte das nicht draußen vor der Tür, sondern auf dem Flur, und zwar in 8 oder 10 Portionen aufgeteilt (das ist nicht viel, sein Rekord liegt bei 27!). Nun gut, dann putze ich halt das auch noch weg, bevor ich mich endlich wieder ins Bett lege. Nur noch kurz ins Wohnzimmer geschaut, ob da alles in Ordnung ist. Hmmm, nicht wirklich. Leva hat die Matratze wieder mal als Klo benutzt. Also Decken und Bezug raus und auf den Wäscheberg werfen, dabei Stoßgebet zum Himmel schicken, dass der Handwerker sein Wort hält und heute die Waschmaschine wieder in Gang setzt. Immerhin sind von der Stunde noch 20 Minuten übrig...

25.1.: Saba, dieses elende Weib! Immer wieder entwischt sie uns, springt über's Hoftor und läuft ins Dorf. Oft können wir sie von Nachbarins Komposthaufen abholen und nach Hause bringen. Manchmal aber auch nicht, da ist sie wie vom Erdboden verschluckt. Dann bleibt nichts anderes, als zu warten, bis sie von selbst wieder kommt.

27.1.: Ein trauriger Tag: Angelina musste uns heute verlassen. Obwohl sie fast 13 Jahre bei uns war, haben nur wenige Leute sie gekannt. Angelina hat sich gern zurückgezogen, wenn Besuch gekommen ist. Das tat sie wohl, damit Hundeinteressenten nicht auf die Idee kommen, sie wäre „zu vermitteln". Angelina unterzog die Menschen einer gründlichen, oft monatelangen Prüfung, ehe sie ihnen die Gunst erwies, mit ihnen Kontakt aufzuneh-

men. Im übrigen hat sie sich gut eingerichtet hier in Guntersdorf und führte mit uns ein ganz normales Familienleben. Mit den hunderten von Hunden, die sie kommen und gehen gesehen hat, hatte sie nie Probleme, ihre sozialen Fähigkeiten waren nicht anders als „virtuos" zu bezeichnen gewesen. Mit ihr ist der letzte jener Hunde gestorben, die im April 1998 im Triumphzug mit uns nach Guntersdorf übersiedelt sind, als wir dieses Bauernhaus aus dem Jahr 1869 mit neuem Leben erfüllt und kurzerhand in ein Tierheim verwandelt haben. Für uns ist heute eine Ära zu Ende gegangen.

3.2.: An sagen wir mal sieben von zehn Abenden schlägt Stexi kurz vor dem Zubettgehen noch einmal richtig zu. Da verteilt er Kackhaufen in mindestens 10 oder noch mehr Einzelportionen im Schlafzimmer, und statt dass ich mein müdes Haupt auf's Kissen bette, muss ich nochmals Spachteln, Sagrotanspray, Kleenex, Putzeimer und Lappen holen. Gestern Abend aber hatte ich Glück, da hat er diese Geschäfte beim letzten Gartenrundgang mit erledigen können. Leider hat Saba aber dann ein Federkissen erwischt (die kommen uns normalerweise nicht ins Haus; dieses aber hatte sich unbemerkt in einem gespendeten Hundebett einschmuggeln können). Federn in Wohnzimmer, Flur und Waschküche! So alte, graue, milbige Federn! Also ehrlich, da wären mir Stexis Haufen wirklich lieber gewesen!!!

6.2.: Schreck in der Abendstunde! Sneewitt pinkelt blutrot. Und ihre Pfoten sind blutverschmiert. Oh mein Gott, was hat sie denn? Sind das Sickerblutungen? Kann sie irgendwo Gift erwischt haben --- Rattengift??? Ein Blick auf die Uhr, na toll, es ist kurz vor Mitternacht. Die Tierärztin im Nachbarort schläft schon längst, also muss ich wohl in die nächstgelegene Klinik fahren - reine Fahrtzeit hin und zurück eineinhalb Stunden. Ratlos und händeringend wandere ich herum, überlege, ob es vielleicht für diese Blutungen eine andere Erklärung geben könnte, die es erlaubt, bis zum Morgen zu warten. Da fällt mein Blick auf die Gemüsekiste. Da hat doch jemand herumgewühlt!? Und vor der Kiste auf dem Boden finde ich dunkle Bröckchen. Was ist das? Der Rest einer Rote-Beete-Knolle....

8.2.:...pst-pst, ich verrate Euch ein Geheimnis, muss aber unter uns bleiben! Vera ist fast stubenrein. Ist aber wirklich *top secret*, auf keinen Fall weitersagen! Denn wer die wirklich zum Anbeißen süße kleine Vera erst dann haben will, wenn sie nicht mehr ins Haus pinkelt - der kriegt sie gar nicht!

21.3: Stex war vier Tage in der Uniklinik, dann hatte man uns folgendes zu sagen: Er hat multiple Arthrosen, dazu an den Knien Patellahochstand. Und er hat „Syringomyelie", das Hirnwasser drückt aufs Gehirn und auf das Rückenmark der Halswirbelsäule. Ob das die Ursache für seine Kotinkontinenz ist, können die Tierärzte nicht mit Sicherheit sagen, wahrscheinlich aber ist es schon. Vermutlich wird die Krankheit fortschreiten, aber wohl nicht allzu schnell. Eine OP kommt nicht in Frage, da zu riskant. Wir werden also damit leben müssen, dass er bis an sein Lebensende dreimal am Tag ins Haus, aufs Sofa oder in sein Bett Häufchen (nun ja, eigentlich sind es eher "Haufen") macht. Was soll's, wir hantieren ja schon sehr routiniert mit Spachteln, Sagrotan-Spray und Kleenex. Und seit er zum Futter mit Flohsamenschalen versetzten Joghurt bekommt, ist die Konsistenz seines *outputs* sowieso optimal.

21.3.: Sneewitt und Vera hatten ja bei ihrer Ankunft ziemlich krumme Beine, Vera hinten, Sneewitt vorne. Das hat sich total verwachsen, beide stehen da wie eine Eins. Gutes Futter? Ja, hat sicher auch geholfen. Aber unser Dank geht hauptsächlich an Leni, Lynns Deutsch Kurzhaar-Mädchen. Sie hat keine Mühen gescheut und mit Sneewitt und Vera bis zum Abwinken gespielt, unermüdlich. "Angewandte Physiotherapie" nennt man das.

2.4.: Ich hab's ja schon das eine oder andere mal erwähnt, dass Oma Hilde ein mißgünstiges, griesgrämiges altes Mädchen ist, bei dem der Colt wirklich sehr locker sitzt. Als Hilde sich vor längerem mal mit - wahrscheinlich - Hexe angelegt hat, hat sie den Kürzeren gezogen und war so bös verletzt, dass sie in die Klinik musste. Gelernt hat sie daraus absolut gar nichts. Sie stänkert weiteiterhin nach allen Seiten herum. Gerne legt sie sich in den Durchgang zur Küche und wartet nur darauf, dass ihr jemand zu nahe kommt - dann schnappt sie zu, dass die Zähne nur so klappern. --- Heute, ich bin draußen im Garten, Hilde steht dabei, neben ihr die kleine Pitypang.

Die macht gar nichts, schaut in die andere Richtung. Plötzlich stößt Hilde zu wie eine Klapperschlange, schnappt nach der Kleinen. Warum? Pitypang hatte Schluckauf, und das ist Hilde wohl auf die Nerven gegangen....

28.4.: Für heute hab' ich nur noch einen dringlichen Wunsch: Bosco bekommt gleich Besuch. Wenn er den Mann mag - und umgekehrt der ihn -, könnte ich den Buben schon morgen in sein neues Zuhause bringen.

29.4.: Für Bosco wird's leider auch diesmal nicht klappen, die Lebensgefährtin des Interessenten hat Angst vor ihm.

30.4.: Vermutlich hat Bosco irgendwie mitbekommen, dass er diesmal recht knapp ein eigenes Zuhause verfehlt hat: er sitzt in seinem Gartenhäuschen und weint schauerlich vor sich hin.

1.5.: Heute habe ich Stexi zum allerersten Mal spielen sehen: er fand einen Gummiring, nahm ihn zwischen die Zähne, warf den Kopf hoch, wodurch sich der Ring über seine Nase legte. So lief er erhobenen Hauptes ins Haus und rein ins Wohnzimmer. Sein Gang war dabei - trotz des wackeligen und staksigen Hinterteils - durchaus als „stolz" zu bezeichnen.

5.5. Neuzugang Hermina, sehr alt, sehr klein, hat den unverwechselbaren Charme des Greisenalters. Langsam und vorsichtig tapst sie durch ihren letzten Lebensabschnitt. Gestern Abend hat sie ein Stück getrockneten Rinderpansen bekommen, wohl zum ersten Mal in ihrem Leben. Als sie mir das Stück vorsichtig aus der Hand nahm, hat das alte Köpfchen vor Aufregung gezittert.

23.5: Hermina geht's nicht gut. Sie fährt heute in die Klinik, ich befürchte Nierenversagen.

25.5. Ich habe Hermina heute Abend aus der Klinik geholt. Die Nierenwerte sind katastrophal und haben sich trotz Behandlung und Infusion weiter verschlechtert. Der Ultraschall zeigt völlig kaputtes Nierengewebe, das sich nicht mehr erholen wird. Das Leben ist nicht fair, vor allem nicht zu alten Hunden.

26.5.: Hermina ging es heute so schlecht, dass wir sie zur Regenbogenbrücke schicken mussten. Bevor die Tierärztin kam, hatte ich Hermina auf dem Schoß, draußen auf einem Sofa unter dem Vordach. Ich hab' ihr erzählt, dass ihre Mühsal nun bald ein Ende hat. Sie hat sich an mich gelehnt und war ganz ruhig. Wir haben zusammen noch einmal den Regen geschnuppert und dem Wind zugehört....

27.5.: Heute hatte ich wieder mal einen erwähnenswerten Anruf. Eine junge Tierärztin bewarb sich für die fünf Jahre alte Dogge Dolly, sie suche einen „Praxishund". Ich: „Wie? Praxishund? Wie steht's mit Familienanschluss?" Sie: „Ja, in der Praxis halt." Ich: „Wie? Soll Dolly denn nur in der Praxis leben? Und nachts?" Die Tierärztin: „Nachts soll sie alleine in der Praxis bleiben." Ich: „Nein, das ist ganz und gar nicht das, was wir für Dolly suchen. Wir vermitteln nur an Familienhaltung." Darauf sie, sehr schnippisch: „Wissen Sie was, dann lassen wir das. Ich hab' von den Tierschutzvereinen sowieso die Schnauze voll! Wenn Sie mit solchen Ansprüchen daherkommen, bin ich an dem Hund nicht mehr interessiert." Ende des Telefonats.

14.6.: Die Tierschützer jammern über die Krise in der Hundevermittlung. Sie sitzen auf immer mehr Tieren und wissen nicht mehr weiter: Zu viele Nothunde, keine Interessenten, die Leute sind verunsichert wegen der Wirtschaftslage, niemand traut sich mehr, einen Hund zu adoptieren. Aber soll ich Euch was sagen? Das stimmt gar nicht! Kaum setzt man einen Doggenwelpen ins Internet, schon sind sie da, die Interessenten. --- Nadja, Lena, Smokey, Dolly, Susie, Vidor, Pampalini, Stexi: sie alle sind tolle Hunde, haben so viel zu geben, auch wenn sie nicht mehr ganz jung sind, krumme Beine oder einen krummen Rücken haben oder eine nicht ganz „reinblütige" Abstammung. Aber niemand will sie. Es deprimiert mich....

15.6.: Stexi bekommt auf beiden Seiten hinter den Schulterblättern ganz helle, fast weiße Stellen im Fell. Ich glaub', da wachsen ihm Flügel, dem Engelchen....

23.6.: Gerade eben hat mich die Sonne nach draußen gelockt. Wenn sie denn schon mal scheint, muss man sich nun wirklich auch paar Minuten Zeit nehmen, einen Gartenstuhl zurechtrücken, Lehne zurück, Hocker für die Beine zum Hochlegen. Aaahh, das tut gut! --- Und dann kommen sie daher: Smokey kaut an meinen Zehen herum, Chacha denkt, ich wär' Rapunzel und versucht, sich an meinen Haaren hochzuziehen. Susi liegt unter dem Gartenstuhl und weiß nicht, in welche Richtung sie zuerst knurren soll, denn wenn ich so wehrlos herumliege, muss sie mich natürlich verteidigen. Stexi kommt von rechts, zieht mir seine Lefzen übers Gesicht, von links schiebt sich Fjodor dagegen, drängt Stexi weg, um mir seinerseits die Lefzen aufs Gesicht zu legen. Gibt es eigentlich Erkenntnisse darüber, wie hoch der Sonnenschutzfaktor von Doggensabbel ist?

29.6.: Man nennt es „Sieg der Hoffnung über die Erfahrung": Ich habe heute wieder ein Planschbecken für die Hunde aufgestellt.

30.6.: Das Planschbecken ist tatsächlich schon wieder kaputt, über Nacht ist es halb ausgelaufen. Das muß an einem Materialfehler liegen....

13.7.: Diese nächtlichen Gewitter rauben mir den Schlaf. Nicht Blitz und Donner allerdings sind es, die mich wach halten, sondern Fjodors panisches Gehechel. Einziger Lichtblick dabei: Bei dräuendem Gewitter schläft Ingrid auch bei mir - nun ja, um ehrlich zu sein, nicht bei mir, sondern bei Fjodor; mich nimmt sie dabei nur billigend in Kauf. Dann wird in meinem Bett stundenlang stereogehechelt....

14.7.: Auszug aus einem Telefonat mit einer Bewerberin für Doggenrüde Odin. In dessen Beschreibung steht: „Odin braucht souveräne Menschen, die ihm Sicherheit geben". Daher fragte ich die Anruferin: „Haben Sie denn Erfahrung mit großen Hunden?" Antwort: „Ja, meine Mutter hat einen Whippet" [= kleiner englischer Windhund mit Widerristhöhe von knapp 50cm und einem Gewicht von 12-15kg].

15.7. Ich musste heute Leva in die Tierklinik bringen. Sie pinkelt jetzt verstärkt Blut und mag seit Tagen nichts mehr essen. Allein die Vorstellung, dass sie dort statt in ihrer Sofa-Ecke in einer Box untergebracht ist, ist gruselig.

24.7. Stexi war an diesem Tag nicht anders, als an den Tagen zuvor, nichts hatte darauf hingedeutet. Frühstück hat geschmeckt wie immer, am Nachmittag gab's noch ein Leckerli. Kurz vorher ist noch auf dem Sofa im Wohnzimmer gesessen und dann nach draußen gegangen. Aber er kam nicht mehr zurück. --- Dieser kränkliche und vom Leben arg gebeutelte Doggenbub hat uns alle, die sich um ihn kümmerten, in ein zartes Gespinst aus Liebe gehüllt, acht Monate lang, die er in Guntersdorf verbrachte. Durch seinen sanften und schnellen Tod ist ihm sicher ein Leidensweg erspart geblieben, den die schlimme Krankheit, die er hatte, oft mit sich bringt. Er fehlt mir ganz furchtbar....

29.7.: Jeder Tag, an dem ich nicht mehr Stexis Kackhaufen im Haus einsammeln darf, ist ein trauriger Tag.

1.8. Ingrid schläft jetzt nicht mehr nur bei Gewitter sondern regelmäßig in meinem Schlafzimmer. Hinter Sissies Couch fühlt sie sich so sicher, dass sie diese Geborgenheit offensichtlich nicht mehr missen mag. Sie ist oft schon die erste, die abends vor meiner Schlafzimmertür wartet.

4.8.: ... ich kann nur noch mit einem finger tippen, die linke hand hängt in der schlinge, das gesicht schmerzverzerrt... sissie und susi sind sich in die wolle geraten... als ich sie trennen wollte, hat susi ihr schraubstockgebiss in meinen unterarm versenkt... dass sie ihren irrtum gleich bemerkt und schnell wieder losgelassen hat, hat auch nicht mehr geholfen... es tut richtig-richtig weh - nächstes mal hol ich lieber den wassereimer... glücklicherweise hab' ich einen vorrat an synulox [=veterinärantibiotikum] im haus....

21.8.: Für mich die schönste Art in den Tag zu starten ist, mit Fjodor eine kleine Morgenrunde über die Felder zu gehen. Heute aber begegnete ihm auf dieser Runde eine schwere Prüfung. Auf der Wiese, an der wir schon zigmal vorbeigegangen sind, lagen heute riesengroße runde Dinger. Fjodor war sich ganz sicher, dass das Eier von Ungeheuern sein müssen. Und er war sich noch sicherer, dass die Brut genau in dem Moment ausschlüpfen würde, da ein schwarzer Doggenbub zu nah an dem Gelege vorbeigeht. Und wie jeder weiß, sind frisch geschlüpfte Jungungeheuer sehr hungrig, sie würden ihn dann selbstredend mit einem Haps verschlingen. Mein Einwand, dass das nur in Plastikfolie gewickelte Grassilage ist, verhallte ungehört....

29.8.: Die Spinalkatheterbehandlung bei Paulina hat nicht viel Erfolg gehabt - was wohl nicht an der Behandlung liegt, sondern daran, dass die Schäden in ihrem Rücken schon zu lange bestehen und jetzt behandlungsresistent sind. Sie wird also weiterhin in schwankendem Gang durchs Leben gehen und, wenn sie's mal wieder recht eilig hat, auch in der Kurve umfallen. Aber Paulina scheint's zufrieden zu sein so, wie es jetzt ist.

13.10.: Heute war die Redakteurin des Magazins „Hunde" hier, um Fotos zu machen und einen Bericht über uns zu schreiben. [Der Bericht erschien unter der Überschrift „Das Fünf-Sterne-Tierheim" in Ausgabe Jan 2011]

18.10.: Fjodor, typisch Mann, ist ein arger Feigling, wenn es um irgendeine Art von Behandlung geht. Spritze? Klar, das ist der Horror! Aber auch nur die Flohprophylaxe mittels *spot-on* zwischen die Schulterblätter: „sehr schmerzhaft", sagt er und versucht zu fliehen, sobald er das Zeugs nur riecht. --- Heute hab' ich einigen Hunden die Ohren geputzt. Fjodor hat mir dabei eine Weile zugesehen und wurde zusehends nervöser. Dann begann er zu gähnen, wohl um das Schicksal gnädig zu stimmen. Plötzlich aber haben seine Nerven versagt: er hat fluchtartig das Zimmer verlassen und es erst wieder betreten, nachdem ich die Ohrreinigerflasche weggepackt hatte.

20.11: Die etwas lästige Rufmordkampagne von Karin B. gegen die Tierfreunde Niederbayern hat natürlich - wie alles im Leben - auch ihre guten

Seiten: Wir hatten nach langer Zeit wieder einmal Besuch von dem für uns zuständigen Amtstierarzt (wer uns da wohl wegen „Animalhoarding" und „Nichteinhaltung der Formalitäten für Auslandshunde" angezeigt hat?). Obwohl der Besuch nicht angekündigt war, gab der Zustand der Hunde und des Hauses keinerlei Grund zur Beanstandung. Als Beamter eher ein „Trockenknödel" konnte der gute Amtstierarzt sich ein Schmunzeln nicht verkneifen, als er uns verriet, dass uns die Anzeigeerstatterin allen Ernstes „tierquälerische Hundehaltung" unterstellt hatte.

28.11.: Kassenabrechnung, 1. Januar bis heute. Während ich meine Zettel sortiere, Einnahmen und Ausgaben notiere, Belege abhefte, lasse ich das ganze Jahr nochmals Revue passieren. Ausgaben für Baumaßnahmen, Futter- und Tierarztrechnungen, Transportkostenaufstellungen, Putz- und Waschmittelbelege, Spenden, Schutzgebühren für Vermittlungen und immer wieder mal auch Quittungen vom Tierfriedhof. Am Ende ist dann alles in eine Tabelle gepackt: all die Hoffnungen, all die Enttäuschungen, all die Happy Ends, aber auch all die Erinnerungen an jene, die wir zur Regenbogenbrücke ziehen lassen mussten. Ein ganzes Jahr Tierschutzarbeit eben.

9.12. Neuzugang Oud aus Rumänien, den wir hier Roudy nennen (was ihm aber egal ist, weil er weder das eine noch das andere hört), ein Uralt-Mischling, arrangiert sich prima mit dem Rudel, ist freundlich mit den Welpen und wird diesen Winter am Ofen in unserem Wohnzimmer verbringen.

26.1. Fjodor liegt auf meinem Bett, ich sitze davor auf der Bettkante und schnibbele mit der Nagelschere an meinen Zehennägeln herume. Er beobachtet mein Treiben nur kurz. Dann erhebt er sich - wie beiläufig und möglichst unauffällig - und verlässt auf leisen Sohlen das Zimmer. Ich denke „na, der wird gleich wieder kommen..." Aber nein, er kommt nicht. Ich lege die Nagelschere beiseite, um nach ihm zu sehen. Ich finde ihn in einer Ecke der Waschküche, zusammengekauert auf dem Boden: klarer Versuch, sich unsichtbar zu machen. Völlig eindeutig, was da in seinem Kopf vorgegangen ist: „Zehennägel schneiden --> --> Krallen schneiden! Da geh' ich mal lieber..." Eine beachtliche kognitive Leistung!

7.2.: Diese Übersetzungshilfen im Internet sind meist nicht besonders hilfreich, dafür aber sehr unterhaltsam. Ich war interessiert, was Tierschutzkollegen auf ungarisch über einen alten Schäferhund schrieben. Hier ist das, was die Übersetzungsmaschine - cool und unbeteiligt, wie Maschinen eben sind - zurückgegeben hat: *Der mittleren Alters alte männliche Schäferhund-Mix, der Besitz, die Duftende Destinationen Pfund aus der Narkose gespeichert wurde. Freundlich, entspannt, ruhig, Nervensystem ein guter Hund, die empfindlich genug ist, scheint eine mittlere kutyasze-rető szakadhatott werden, so dass wir auch versuchen, die ursprünglichen Eigentümer Spur zu sehen, wenn ... Für die vorübergehende Aufnahme eines Gartenhauses sucht. Geimpft, gechipt, akzeptiert Adoptiveltern nach der Kastration. Interessiert an den ...... Telefonnummer oder E-Mail-Adresse kann info@...... Werden.*

12.2.: Milan, der etwas eigenwillige und sehr große Mischlingsrüde, hat schon seit einiger Zeit gehumpelt. Rimadyl brachte kaum Besserung. Heute kam er aus dem Garten auf drei Beinen. Für mich sieht das verdammt nach Kreuzbandriss aus....

15.2.: Ja, Milan hat einen klassischen Kreuzbandriss, wird morgen in der Uni-klinik München operiert.

1.4.: Da hat sich doch jemand einen Aprilscherz mit mir erlaubt: Ich stecke Leckerlies in meine Hosentasche und fühle, wie sie an meinem Bein entlang und unten aus dem Hosenbein herausfallen. Wie kommt's? Es gibt diese Hosentasche nicht mehr. Herausgebissen. Komplett.

9.4.: Vor gut einer Woche ist hier ein Durchfall unbekannter Herkunft ausgebrochen. Seither haben wir Diät gekocht bis zum Abwinken. Matschig gekochte Karotten und Kartoffeln. Nun sind alle wieder wohlauf

22.4. Immerzu überlege ich, wie man die Götter bestechen könnte, dass das Wetter noch eine Weile so bleibt, wie es jetzt ist. Dieser Tage ist es einfach nur schön. Die Rapsfelder rund ums Haus werden langsam gelb. Die Hunde sind relaxt, weil sie viel draußen sein können, sie stromern im Garten herum oder räkeln sich auf den Matratzen im Halbschatten. Zwischen den Ästen der üppig blühenden Obstbäume scheint tiefblauer Himmel hindurch. Und mit den herabfallenden Blütenblättern sind sogar die Kackehaufen richtig hübsch verziert....

28.4.: Doggenrüde Scholz ist ein herzallerliebster Bub. Da macht es nichts, wenn er sich mit dem Lernen etwas schwer tut. Oder besser gesagt, mit dem Behalten des Gelernten. Es ist, als ob er irgendwo einen geheimen Knopf hätte mit der Aufschrift „reset". Den drückt er wohl jeden Abend und am nächsten Morgen ist alles gelöscht, was er tags zuvor gelernt hat.

7.5.: Fjodor ist seit einiger Zeit auf kohlenhydratarme Diät gesetzt, die ihm sehr gut tut: er schaut super aus und läuft wie ein junger Gott, jedenfalls denke ich mir, dass junge Götter so laufen - gesehen hab ich noch keinen. Allerdings nimmt jetzt öfters mal seine Geschicke selbst in die Hand: Neulich hatten wir Besuch mit Kuchen für etwa acht Personen, den Anteil für fünf davon hat Fjodor erwischt. Heute hat er zuerst süßes Gebäck vom Tisch geklaut, anschließend in der Küche seiner Diät vier (!) Laugen-Croissants hinzugefügt.

20.5.: Leva hatte dieser Tage einen schlimmen Einbruch. Sie kann kaum mehr selbständig laufen, lässt öfters mal Futter stehen und sieht aus wie ein Gerippe. Wir haben aber noch nicht den Eindruck, als wolle sie aufgeben.

21.5.: Da Blondie uns Ende nächster Woche verlassen wird, um eine Stelle als Rettungshund-Azubi anzutreten, habe ich, um ihr die restliche Wartezeit zu verkürzen, heute wieder mal ein Planschbecken im Garten aufgestellt. Das Wasser ist gerade eben eingelaufen. Wenn Blondie wirklich eine Seelenverwandte von Damion ist, was anzunehmen sie uns schon manches-mal Gründe geliefert hat, müsste sie eigentlich, bis ich wieder rausgehe, entweder die Bodenfolie aufgeschlitzt, die Ventile abgebissen oder zumin-dest das Wasser abgelassen haben. Bin mal gespannt....

16.6.: Eine nette Dame, die eine Schwester von Bootsmann hat, hat uns den Tipp gegeben, dass Kalium für das Hörvermögen gut sein soll (gegen verklebte Härchen im Innenohr oder so ähnlich). Und deshalb bekommt Bootsmann, der weiße Doggenrüde, der schlecht sieht und schlecht hört, mindestens zwei Bananen täglich. Er mampft sie brav - und schaden können sie ihm auch nicht.

20.6.: Gestern ist Bootsmann abgeholt worden.

Leider haben wir vergessen, ihm seine Bananen mitzugeben. Nun harren ca. acht Kilo Bananenvorrat ihrer Verwertung.

1.7.: Zeit für ein Fjodor-Update: Es geht dem Buben prächtig. Abgesehen von kleineren Zipperlein, wenn er es beim Rennen und Springen über die Feldraine wieder mal übertrieben hat, sind wir beide rundum zufrieden. Solange dieser Bub, den ich vor über 3 Jahren aus Polen (!!) geholt habe, auf der Küchenbank herumturnt und klaut wie ein Rabe, sind wir mehr als zufrieden! --- Neulich - die Zeit war knapp, weil er hörte, dass ich schon auf dem Weg in die Küche war - musste er sich entscheiden: lieber den Kuchen oder ein erkleckliches Stück Butter klauen? Er hat sich für die Butter entschieden....

26.7. Wir haben Post von Scholz, dem gelben Doggenbuben bekommen, der vor 10 Tagen zu seiner neuen Familie umgezogen ist. Und die sind voll des Lobes! Scholz hat sich mühelos in den Alltag der Familie eingefügt, macht sogar schon Platz, wenn man's ihm sagt! Und er kann das auch noch am nächsten Tag - von wegen Lernschwäche! Nur wer der große gelbe Hund im Garderobenspiegel seines neuen Zuhauses ist, hat Scholz noch nicht herausgefunden.

5.8.: Ingrid hatte heute einen wichtigen Termin. Dazu musste ich sie ins Haus locken, die Transportbox hatte ich vorher schon heimlich in die Waschküche gestellt. Also Tür zu, Ingrid hochgehoben und in die Box verfrachtet. Ab ging's zur Tierärztin, die uns schon erwartete. Zwei Stunden später konnte ich Ingrid wieder abholen, befreit von ihrem verfilzen Fell. Die anderen Hunde haben sie im ersten Moment gar nicht erkannt! Wie sie aussieht? Der Körper ist kahlrasiert, nur die Haare um den Kopf sind geblieben. Erinnert an irgendwas zwischen Mähnenhyäne, Seidenäffchen und Warzenschwein. Bin gespannt, ob sie mir nun wieder wochenlang aus dem Weg geht....

6.8.: Vor gut einer Woche hatte ich einen Notruf auf die Startseite gestellt, dass wir ein böses Loch in der Kasse haben, weil sich außergewöhnlich viele und hohe Tierarztrechnungen auf meinem Schreibtisch gestapelt hatten. Die Leute wissen ja, dass wir nicht ständig nach Spenden rufen, sondern nur, wenn's wirklich brennt. Wie gut und auch wie berührend ist es zu wissen, wie viele Menschen für uns da sind, wenn wir Hilfe brauchen... Habt herzlichen Dank!

13.8. Wir werden oft gefragt, wie's Leva geht. Diese Frage ist nicht leicht zu beantworten. Sie liegt auf dem Sofa, kann seit einigen Wochen nicht mehr aufstehen und ist klapperdürr. Wir versuchen täglich herauszufinden, ob ihr jetziges Leben für sie noch lebenswert ist. Und sie gibt uns täglich die gleiche Antwort: „Macht mal hin mit dem Essen - ich hab' Hunger!" Dann haut sie rein, dass uns das Futter nur so um die Ohren spritzt. Sie bellt, wenn sie durstig ist. Sie genießt die Zuwendung, wenn jemand sich zu ihr setzt.--- Darf man ein Leben auslöschen, dem der „Betroffene" selbst so offensichtlich noch etwas abgewinnen kann? Leva ist nun seit beinahe drei Jahren in Guntersdorf. Wir kennen sie gut genug, um zu wissen, wann sie sich nicht wohlfühlt oder Schmerzen hat. Und wir sind zuversichtlich, dass sie uns den richtigen Zeitpunkt mitteilen wird.

19.8. Gestern Schreck am Abend: Amelie hat eine Magendrehung! Etwa 30 Minuten nach dem Abendessen wandert sie umher und fühlt sich offensichtlich gar nicht wohl. Eine leichte Ausbuchtung des Rippenbogens ist bereits erkennbar. Ich also ins Auto und in die Klinik gerast. Etwas mehr als eine Stunde nach dem Essen lag sie schon auf dem OP-Tisch. Da war bereits nicht nur der Magen gedreht, sondern auch die Milz, mehrfach, die großen Bauchgefäße waren abgedrückt. Der Magen sah schon sehr bedenklich aus, hat sich aber während der OP wieder etwas erholt. Daumen drücken!

22.8.: Wir konnten Amelie heute aus der Klinik abholen. Nun muss sie noch für eine Woche Diät bekommen.

27.8.: Fjodor hat heute Geburtstag, sieben Jahre ist er alt. Eigentlich war er das schon am 27. Juli, aber ich hab das Datum verwechselt - dabei hätte mir doch klar sein müssen, dass er im Sternzeichen Löwe geboren ist . Jedenfalls ist heute gefeiert worden, hauptsächlich lukullisch, das mag er am liebsten. Ich hab' dann später noch Leberbrot gebacken, was dem Kerl die Möglichkeit gab, den Coup des Jahres zu landen: Zusätzlich zu seinem Geburtstagsessen hat ein noch warmes Leberbrot in der Größe einer Kastenkuchenform geklaut und verschlungen!

28.8.: Fjodor hat seinen Raubzug schadlos überstanden - hätte auch böse enden können - Magendrehung, Darmverschluss, ich darf gar nicht drüber nachdenken....

8.9.: Leva. Sie war heute bereit zu gehen. Und so wurde es gemacht. Auf ihrem Sofa im Wohnzimmer. Ich hab' sie im Arm gehalten, bis ihre Seele davongeflogen war.

12.10.: Derwisch!!! Flurschaden auf vier Beinen!!! So knuffig er ist, wenn er schläft, so brandgefährlich ist er, wenn er nicht schläft! Seit er Mitte September hier aufgeschlagen ist, sind ihm zum Opfer gefallen: zwei Scheibengardinen nebst Vitragestangen im Wohnzimmer; der Clipverschluss von Fjodors Lieblingsbrustgeschirr; diverse Blumentöpfe; diverse Schmutzfänger und Fußabstreifer; sämtliche(!) Aufhänger und sämtliche (!) Tun-

nelzugbänder der Jacken, die an der Garderobe hingen; eine Regenjacke, von der er die Kapuze abtrennen musste, um sie vom Garderobenhaken ziehen zu können; die Kabel der Basisstation unserer Telefonanlage (deren Wiederbeschaffung fünf Tage dauerte, in denen wir übers Festnetz nicht erreichbar waren); schließlich mein Handy, das er aus meiner Hosentasche gezogen und so gründlich geschreddert hat, dass auch alle gespeicherten Nummern weg waren. --- Für Derwisch ist das Leben eine einzige rauschende Party!

***

Wer das komplette Tagebuch lesen und/oder die aktuellen Einträge verfolgen will, kann dies im Internet tun: www.tierfreunde-niederbayern.de/tagebuch.html. Für Rückmeldungen gibt's dort auch ein Gästebuch: www.tierfreunde-niederbayern.de/guestbook/index.php

# Nachwort

Dieses Lesebüchlein wäre natürlich nicht komplett ohne Danksagung an all die vielen Helferinnen und Helfer, die Sponsoren, Paten und Freunde, die uns in den zurückliegenden zwölf Jahren nach Kräften unterstützt haben – und dies hoffentlich auch in den kommenden zwölf Jahren weiterhin tun werden.* Ohne diese Hilfe könnte das Hundeasyl der „Tierfreunde Niederbayern" nicht bestehen.

Ich kann gar nicht anfangen, einzelne Namen aufzuzählen, schon allein aufgrund der Gefahr, dass ich unter den vielen gerade den einen vergesse...

Deshalb gilt mein Dank ALLEN,

die Guntersdorfer Hunde betreut, in Pflege genommen oder ihnen einen dauerhaften Platz gegeben haben,
die die oftmals erschlagenden Tierarztkosten für notwendige Behandlungen durch großzügige Zuwendungen mitgetragen haben,
die in OP-Kassen eingezahlt haben,
die Patenschaften übernommen und Spenden geleistet haben,
die am Haus oder im Garten mitgewerkelt und erforderliche Reparaturen durchgeführt haben,
die als Gassigeher mitgeholfen haben,
die uns mit freundlichen und aufmunternden Worten durch schwere Zeiten hindurchgeholfen haben,
die den Tierschutzgedanken weitergetragen haben.

Danke an Euch ALLE.

Guntersdorf, im Frühjahr 2010

Gabi Hesel

* Bei der 3. Auflage des Büchleins 2012 sind's schon vierzehn Jahre...

**Tierfreunde Niederbayern e.V.**

114

# Menschen für Tierrechte

Die „Tierfreunde Niederbayern" gehören dem Bundesverband
„Menschen für Tierrechte" (www.tierrechte.de) an

Hundeasyl der Tierfreunde Niederbayern e.V.
Guntersdorf 8, D-84175 Schalkham / Ndb.
Tel 08744-919229 handy 0170-4075923
www.tierfreunde-niederbayern.de

**Besuche bitte nur nach vorheriger telephonischer Vereinbarung!**